1123

Das Buch

Die Phönizier haben das Geld erfunden, leider zu wenig! (Nestroy) Doch dies ist nicht die einzige Ursache der Finanzkrise. Der entfesselte amerikanische Kapitalismus war bereits dabei, die Erde aufzufressen und die Wochenenden abzuschaffen – im rheinischen Kapitalismus undenkbar, hat sich hier sogar der Montag als Arbeitstag nur sehr mühsam durchgesetzt, an Ostern und Pfingsten bis heute nicht. Wie richtig das rheinische Modell liegt, zeigte sich während des Crashs: Alle waren froh, dass die Börsen wenigstens am Wochenende geschlossen hatten. Endlich Ruhe im Puff. Beine hoch, Bier auf, chillen und mal ganz besonnen überlegen, was zu tun ist. Ein perfektes Plädoyer für die Umkehr vom Muss zum Mystischen.

Jürgen Becker gelingt das Kunststück, aus einer vordergründig furztrockenen Materie eine feuchtfröhliche Lektüre zu machen. Nach dem Genuss dieses zutiefst rheinischen Geschichtskurses ist man der Krise nicht mehr hilflos ausgeliefert.

Der Autor

Jürgen Becker, geboren 1959, Moderator der »Mitternachtsspitzen«, alternativer Karnevalspräsident der legendären Kölner »Stunksitzung«, zur Zeit mit dem Kabarettprogramm »Ja, was glauben Sie denn?« unterwegs. Bei KiWi u.a.: »Biotop für Bekloppte« (mit Martin Stankowski), 1995; »Es ist furchtbar, aber es geht« (mit Rüdiger Hoffmann), 1997; »Frühstückspause« (mit Didi Jünemann), 2001; »Von wegen nix zu machen« (mit Franz Meurer und Martin Stankowski), 2007, KiWi 989; »Religion ist, wenn man trotzdem stirbt«, 2008, KiWi 1076; »So was lebt, und Goethe musste sterben. Der dritte Bildungsweg« (mit Dietmar Jacobs und Martin Stankowski), 2009, KiWi 1135.

Jürgen Becker

Geld allein macht nicht unglücklich

Mit dem Mysterium des
rheinischen Kapitalismus
aus der Krise

Kiepenheuer & Witsch

Das vorliegende Buch ist eine überarbeitete und erweiterte Neufassung von Jürgen Beckers Buch »Da wissen Sie mehr als ich!«.

MIX
Papier aus verantwor-
tungsvollen Quellen
FSC® C083411

Verlag Kiepenheuer & Witsch, FSC®-N001512

3. Auflage 2010

Umschlaggestaltung: Barbara Thoben, Köln
Umschlagmotiv: © Marc Brinkmeier/www.marcbrinkmeier.de
Gesetzt aus der Stempel Garamond
Satz: Fotosatz Reinhard Amann, Aichstetten
Druck und Bindearbeiten: CPI – Clausen & Bosse, Leck
ISBN 978-3-462-04153-8

Inhalt

Wer überfällt heute noch eine Bank?

Früher waren die höchsten Gebäude einer Stadt die Kirchen – heute sind es die Banken. Vieles haben sie gemeinsam: Bei Jesus hieß es immer: Bonus volat ad deum – nur der Gute kann zu Gott in den Himmel auffahren. Bei den Banken heißt es: Wer Bonität hat, darf abheben.

Nun aber ist die Bonität der Banken dahin, weil sie Kredite an Leute vergeben haben, die diese nicht zurückzahlen konnten. Das wussten die Banker in Amerika auch ganz genau, doch sie haben die faulen Kredite in schöne Kartönchen gepackt und ein goldenes Schleifchen drumherum gebunden. So einen Karton nennt man Fonds. Das hat recht lange funktioniert, da die meisten Finanzberater der Banken nichts von Finanzen und Fonds verstehen. Sie sind ja auch in Wirklichkeit keine Berater, sondern Verkäufer.

Der Mann, der mit dem Staubsauger bei Ihnen klingelt, ist ein Staubsaugervertreter. Er nennt sich erst gar nicht Saugberater, weil sowieso jeder weiß, dass er einem einen Staubsauger verkaufen will. »Es saugt und bläst der Heinzelmann, wo Mutti sonst nur blasen kann«: So wie der Saugblasvertreter bei Loriot sind Anlageberater der Banken, nur das die von Tuten und Blasen keine Ahnung haben. Oder sie haben die faulen Fonds wider besseres Wissen verkauft: Das funktionierte so lange, bis mal jemand fragte: Was ist in dem schönen Karton mit rosa Schleife eigentlich drin? Ein Riesenscheißhaufen kam zum Vorschein. Ab da brach das Finanzsystem zusammen.

Hätten die Banken von den Kirchen lernen können? Ja. Die Kirche hat seit 2000 Jahren dasselbe Problem – sie muss was verkaufen, was noch nie jemand gesehen hat. Wovon viele sagen, dass es das gar nicht gibt. Da brauchen Sie als Verkäufer Fantasie. Warum ist Köln so reich geworden? Durch einen Fonds. Nehmen wir den Kölner Dom. Darin steht ein Karton, ein Goldsarkophag mit sechs Zentner Leergewicht: der Schrein der Gebeine der Heiligen Drei Könige.

Seit Jahrhunderten kommen die Pilger in die Stadt, kreisen um die Knochen, damit die Aura der heiligen Gebeine auf sie abstrahlt. Sie geben in Köln ihr Geld aus. Auch das ist ein fauler Kredit, denn in diesem goldenen Karton sind nicht die Knochen der Heiligen Drei Könige. Die drei Weisen aus dem Morgenland sind nach ihrem Besuch an der Krippe alle wieder in ihre Ursprungsländer zurückgekehrt. Sie haben sich wohl kaum zum Sterben getroffen.

Foto: dpa

Dennoch haben Wissenschaftler die Gebeine vor einigen Jahren mal untersucht, schließlich kann man feststellen, wie alt so was ist. Auf der Pressekonferenz klang das dann so: »Die Wahrscheinlichkeit, dass die Knochen tatsächlich von den Heiligen Drei Königen stammen, tendiert gegen null.« Dann sagen die Kölner: »Dat es doch ejal, dat Dinge deit et ävver.« In diesen goldenen Dreikönigsschrein können sie Hühnerknochen vom Wienerwald reinschmeißen, in dem Ding wird alles heilig. Die Kirchen können genau das, was Banker versuchen, aber letztlich nicht draufhaben.

Jetzt rennen die Leute schon in die Banken und lassen sich ihr Geld zeigen. Dass ist natürlich nicht da. Das war noch nie da. Das ist ein Mysterium wie die Knochen der Heiligen Drei Könige. Früher stand jedem Geldschein ein entsprechender Gegenwert in Gold gegenüber, heute nicht mehr. Geld ist nicht viel mehr als ein elektrischer Impuls. Die Finanzwirtschaft ist für uns alle wie eine Religion: Sie müssen dran glauben!

Die Folgen der Ungläubigkeit sind fatal: Es überfällt ja auch schon niemand mehr eine Bank! Weil jeder glaubt, er hätte hinterher einen Arsch voll Schulden am Hals! Die Leute überfallen allenfalls noch einen Kiosk – da bekommen sie wenigstens noch ein Snickers.

Ackermänner und Rosstäuscher

Was die sogenannten Bankberater sehr gerne als sichere Anlage verkauft haben, waren häufig Zertifikate. Im Vergleich dazu war der Saugbläser Heinzelmann eine hoch seriöse Konstruktion. Heute wissen es alle: Zertifikate, das sind nichts anderes als Wetten. Und Wetten kann man verlieren. Die Banker vertuschen das häufig wie ein Dealer auf dem Schulhof: »Ne, das ist kein Heroin, das sind Vitaminspritzen.« Obwohl man Banker und Dealer natürlich nicht vergleichen kann. Bei Dealern wird die Beschaffungskriminalität bestraft.

Außerdem sind Banker auch eher Rosstäuscher. Der Name Ackermann gibt da schon einen Hinweis auf die richtige Branche. Und anhand des bäuerlichen Lebens kann man eine Ursache der Finanzkrise auch gut demonstrieren. Deshalb gehen wir nach Amerika:

Der junge Chuck will mit einer eigenen Ranch reich werden. Als Anfang kauft er einem Farmer ein Pferd ab. Er übergibt ihm seine ganzen 100 Dollar, und der Farmer verspricht, das Pferd am nächsten Tag zu liefern.

Am nächsten Tag kommt der Farmer vorbei und teilt Chuck eine schlechte Nachricht mit: »Es tut mir leid, aber das Pferd ist tot! Heute Nacht verstorben.«

»Ist doch kein Problem«, sagt der Chuck, »gib mir einfach die 100 Dollar zurück!«

»Ja,« sagt der Farmer, »das ist nicht so einfach, ich hab das Geld schon für Düngemittel ausgegeben. Mit andern Worten: Dein Geld ist fort!«

»Ja«, sagt der Chuck, »dann gib mir wenigstens das tote Pferd!«

»Was willst du denn damit?«

»Zertifikate, das verlose ich!«

»Aber du kannst doch kein totes Pferd verlosen?«

»Wetten dass? Ich erzähl einfach keinem, dass es tot ist …«

Monate später fragt der Farmer nach: »Und wie lief die Aktion totes Pferd?«

»Perfekt«, sagt Chuck, »ich habe 500 Lose zu je zwei Dollar verkauft und meine ersten 900 Dollar Profit gemacht!«

»Gab es denn keine Reklamationen?«

»Doch«, sagt Chuck, »eine! Der Gewinner hat sich lautstark beschwert.«

»Und was hast du gemacht?«

»Dem hab ich die zwei Dollar zurückgegeben!«

Die kölsche Bad Bank

Nun ist das Desaster da, und die Politik ringt zur Zeit mit sich: Was hilft in der Krise? Konjunkturprogramm oder besser Abwarten? Auf diese Frage gibt es in der Wirtschaft zwei widerstreitende Theorien. Das eine ist der Monetarismus. Das andere ist der Keynesianismus. Die Unterschiede sind folgende:

Eine Stadt hat drei Kneipen und in einer geht am Abend das Kölsch aus. Wirtschaftskrise. Es läuft nichts mehr.

Der Monetarist meint: »Dat ess ejal. Soll der Laden doch dichtmachen. Dann geben die Leute ihre Moneten in der nächsten Kneipe aus.«

Monetarismus heißt also übersetzt: »Die Karawane zieht weiter, der Sultan hät Doosch. Jommer en ne andere Kaschämm«! Der Markt regelt alles.

Wenn die zweite Kneipe dann auch kein Kölsch mehr hat, geht man in die dritte. Und wenn die auch kein Kölsch mehr hat, dann muss man ohne Nachtleben auskommen.

Das heißt, das Ergebnis des Monetarismus ist am Ende so was wie Wanne Eickel.

Anders der Keynesianismus. Der sagt: Man muss eingreifen. Konjunkturprogramm mit Steuern.

Wenn die Kneipe kein Kölsch mehr hat, dann müssen die Gäste, also die Bürger, sich selbst welches beschaffen. Das heißt, die bringen Bier von zu Hause mit, geben das als Steuern dem Staat, und der gibt es weiter an den Wirt. Und der verkauft es einem dann wieder. Will sagen, man kauft sich selbst ein Kölsch ab und süffelt das mit den anderen zusammen.

Der Keynesianismus hat also das Prinzip: »Drenk doch eine met!«

Gut, das bringt wirtschaftlich auch nix, ist aber geselliger. Und die Kneipen bleiben auf.

Mit einem weiteren Lösungsmodell wird der Rheinländer nun Vorbild für den Umgang mit der Krise. Inzwischen diskutiert ganz Deutschland über die Bad Bank, die alle schmutzigen Geldgeschäfte versammelt und am Ende vom Steuerzahler finanziert wird.

Das Prinzip kennen die Kölner schon lange. Hier heißt das nur nicht »Bad Bank«, sondern einfach »Stadtsparkasse«.

Dort werden seit Jahrzehnten mithilfe der Stadt öffentliche Gelder verbraten, um Firmen zu helfen. Vor allem dem Oppenheim-Esch-Fonds. Das ist eine Art Rettungsgesellschaft für Superreiche, die in Not geraten sind – weil sie nicht noch reicher werden. Denen hat die Klüngelstadt Köln mit ihrer Sparkasse zum Beispiel die Deutzer Messehallen im Prinzip geschenkt, den Umbau überteuert bezahlt und sie dann noch teurer für 30 Jahre zurückgemietet.

Damit ist die Stadtsparkasse die einzige Bank der Welt, die sich nicht nur ohne Gegenwehr ausnehmen lässt, sondern denen, die Geldsäcke aus der Tür rausschleppen, auch noch dreißig Jahre ein festes Salär garantiert.

Das ist Staatshilfe! Da kann Peer Steinbrück aber einpacken.

Derselbe Fall beim Medienforum in Köln-Ossendorf. Das ist das große Gebäude in der Nähe des Gefängnisses, wobei man jetzt nicht die Geschäfte der Stadtsparkasse und des Oppenheim-Esch-Fonds mit einem Knast vergleichen kann.

Im Knast sitzen die, die sich beim Abzocken haben erwischen lassen.

Die Studios in Ossendorf weisen seit Jahren riesige Verluste aus, sie rechnen sich nicht, dort wird kaum ein Film gedreht. Trotzdem hat die Stadtsparkasse dem Oppenheim-Esch-Fonds die Miete auf zehn Jahre garantiert.

Das sind Leistungen der öffentlichen Hand für die Vermögenden dieser Stadt, da spricht keiner drüber. Denn dieser Fonds ist so geschlossen, da schaut keiner rein, das ist ein sogenannter Closed Klüngel Shop.

Das ist alles so geheim, da kriegen nicht mal die Journalisten vom Kölner Stadtanzeiger, der Kölnischen Rundschau und dem Express was drüber raus.

Aber liebe Leser, das kommt bestimmt noch! Schließlich hat sich der Verleger Alfred Neven DuMont als investigativer Journalist in den Fonds finanziell eingeschlichen. Man darf gespannt sein.

Fakt ist: Die Versprechen der Bundesregierung für Opel sind gegen die Kölner Staatshilfen ein ärmliches Almosen. Da sind wir hier am Rhein einfach weiter.

Und das Besondere an Köln ist: Hier werden von der öffentlichen Hand nicht nur Firmen gerettet, sondern auch Privatpersonen. Da wird der Klüngel gar zum Sonderfall der Kölner Justizordnung: Wenn irgendwo anders einer korrupt ist, kommt er in die Zelle. In Köln bekommt er einen Beratervertrag.

Wie zum Beispiel der ehemalige CDU-Bürgermeister Josef Müller, der ein persönliches »Rettungspaket« von 300 000 Euro geschnürt bekam. Als Hilfe, damit er nach seiner Zeit in der Kölner Lokalpolitik nicht plötzlich in die Legalität abrutscht.

Der Mann ist Briefträger! Und kriegt 300 000 Euro von der Stadtsparkasse! Für nix! Die verdient der im Schlaf. Er hat die Sparkasse beim Wort genommen: Das ist seine Bett-Bänk.

Da wissen Sie mehr als ich!

Egal, wo Sie in Deutschland hinfahren, die Begrü-
ßung kommt immer freundlich und prompt: »Hier
können Sie nicht stehen bleiben!«

Wenn man als Kabarettist am Auftrittsort an-
kommt, ist vom Kulturamt meist keiner da – aber
der Hausmeister. Noch gut erinnere ich mich an
Herrn Eichler, einen Rheinländer in den besten Jahren, freundlich, bestimmt und von unerschütterlicher
Gelassenheit. Auch der sagte sofort: »Hier können
Sie nicht stehen bleiben. Die Feuerwehr kommt gleich
gucken.«

Die technische Austattung der Schulaula entsprach
in etwa dem Gesamtzustand und dem Personalschlüs-
sel des deutschen Bildungssystems. Zwei Bühnen-
scheinwerfer für 400 Zuschauer. Beide aus den fünfziger Jahren, und einer davon war auch noch kaputt.

Ich sagte Herrn Eichler: »Hören Sie mal, die eine
Lampe geht nicht!«

Seine achselzuckende Antwort: »Da wissen Se
mehr als ich!«

»Ja«, sagte ich, »kommen Sie mal gucken, die ist kaputt.«

Da kam er so langsam auf mich zu, schaute skeptisch nach oben und analysierte treffend: »Ja, für normal mööt die ävver jon.«

»Ja«, sagte ich, »für normal ja.«

Und dann kam der entscheidende Satz: »Tja, da müsste mal einer nach gucken.«

Mal einer! Ja, und dabei blieb es dann. Aber bevor sich auch nur so was wie Ärger breitmachen konnte, konterte dieser Herr Eichler, obwohl ich gar nichts mehr gesagt hatte, sofort mit einer entwaffnenden Gegenfrage: »Herr Becker, wollnse 'n Bier?«

Und schon fühlte ich mich so merkwürdig zu Hause und obendrein außerstande, den Mann auch noch auf die Leiter zu schicken.

Es wurde ein etwas schummriger Abend – im Hörfunk sieht man ja auch nichts, und trotzdem machen einige das Radio an –, ich hörte auch ein leichtes Schnarchen aus den hinteren Reihen, aber der Rest amüsierte sich so, wie ich es erhofft hatte. So, habe ich gedacht, diesem Herrn Eichler widmest du dieses Buch, das ist dein Beitrag zum Denkmalschutz des rheinischen Kapitalismus.

Denn machen wir uns nichts vor, festangestellte Hausmeister wird es schon bald nicht mehr geben. Die werden outgesourced, das ist billiger, arbeiten dann mit Hire-and-Fire-Verträgen für drei oder vier Euro die Stunde. Der Markt regelt das angeblich.

Vor der Finanzkrise hatten sie Hochkonjunktur, die neoliberalen Staatsfeinde, die immer riefen: »Staat, hau ab, es regelt alles der Markt!« Doch woher kommen diese Staatsfeinde, die sich »Liberale« nennen?

Staatsfeinde

Viele denken an Hering, wenn sie Bismarck hören. Doch nach diesem Mann sollte man keine Lebensmittel benennen, nicht mal den Schnaps in der grünen Flasche, in vielerlei Hinsicht war er Gift für Deutschland.

Halten wir uns also nicht lange mit ihm auf. Erinnern wir uns nur kurz und knapp: Otto von Bismarck führte die Heeresreform ohne Zustimmung des Landtags durch und ließ sich diese später, nach einigen Siegen, nachträglich absegnen. Die Liberalen brachte er damit in eine Zwickmühle. Stimmten sie dafür, verrieten sie ihre liberalen Prinzipien der Rechtsstaatlichkeit, stimmten sie dagegen, ihre nationalen Ideale. Bismarck rupfte auseinander, was damals zusammengehörte: Demokratie und nationales Empfinden.

Das Ergebnis ist bekannt: Die Liberalen spalteten sich in die demokratischen Liberalen und die Nationalliberalen. Letztere hatten die Mehrheit. Bismarck hatte ihnen ihre demokratischen Prinzipien mit nationalisiertem Billigfusel abgeschwatzt.

Prozente ohne Demokratie

Foto: Jürgen Becker

Von diesem Sündenfall hat sich der deutsche Liberalismus nicht mehr erholt. Fürst Bismarck, das war sein letztes Wort, da trugen ihn die Englein fort. In England und Frankreich gehören Nation und Demokratie untrennbar zusammen, nur in Deutschland gibt es diesen Bruch. Mit dieser nationalen Einigung von oben, ohne Beteiligung des Volkes, führte Bismark, wie es der Anglist und Historiker Dietrich Schwanitz drastisch formulierte, Deutschland in die Scheiße.

Heute ist die Nachfolgeorganisation der Liberalen, die FDP, eine monetäre Sekte. Bezeichnenderweise haben uns nun die weltweiten Auswirkungen des Neoliberalismus in die Scheiße geführt. Das einzig Originelle an der FDP ist, dass ihr Parteivorsitzender homosexuell ist. Doch nicht mal das glauben böse Zungen, die sagen, der Westerwelle sei gar nicht schwul, der kriegt nur keine Frau ab!

FDP-Mitglieder werden ob dieser historischen Skizze protestieren, vor allem die jungen Schnösel. Aber auch sie wissen häufig nicht so recht, wie diese FDP eigentlich entstanden ist. Manche sagen, sie ist einfach eine Laune der Natur. Andere sagen, als Gott die Parteien machte, hat er für die Arbeiter die SPD, für die Bürgerlichen die CDU, für die Lehrer die Grünen und für die Tiere auf dem Bauernhof die CSU gemacht. Alle hatten eine Partei, bis auf die Sackgesichter. Und dann war sie da.

Die FDP hat als einzige deutsche Partei 42 Jahre lang mitregiert, ohne jemals eine Mehrheit gehabt zu haben. Sie hat in den sechzig Jahren ihrer Existenz nur zwei vernünftige Politiker hervorgebracht: Gerhart Baum und Burkhard Hirsch, die heute bei Sandra Maischberger im Reservat wohnen.

Und die FDP hatte in all der Zeit nur zwei politische Schwerpunkte: Das eine war die Außenpolitik. Ja. FDP-Minister haben den größten Teil ihrer Amtszeit im Flugzeug verbracht. Bis auf Möllemann, der ist unterwegs ausgestiegen.

Und in der Innenpolitik gab es auch nur ein Ziel: Steuersenkungen. Die FDP ist eine Steuersenkungspartei, die in all den Jahren an der Macht nicht ein einziges Mal die Steuern gesenkt hat. Im Gegenteil. Das sind die Leute, die immer sagen, ich geb einen aus, und dann sind sie weg. Da lobe ich mir den Hausmeister: »Herr Becker, wollnse 'n Bier?«

Vergleichen wir also im Folgenden unsere beiden Kapitalismus-Vertreter: Westerwelle gegen Eichler. Oder nennen wir es:

Amerikanischer Kapitalismus gegen rheinischen Kapitalismus

Das ist jetzt nicht von mir, sondern wissenschaftlich. Ein französischer Ökonom, Michel Albert, der hat den Begriff »rheinischer Kapitalismus« erfunden. Der war Chef einer großen Versicherungsgesellschaft in Paris, und der hat ein Buch geschrieben, ein Grundlagenwerk: »Kapitalismus contra Kapitalismus«. Und Albert beschreibt in dem Buch diesen Begriff so: Der rheinische Kapitalismus, das ist der Kapitalismus der Länder, die am Rhein liegen. Also Frankreich, Belgien – gut, an der Maas, ein Rheinzufluss –, Holland, Deutschland, Österreich, Bregenz am Bodensee, so grade noch dran, die Schweiz. Also nicht England und auch nicht Amerika.

Es sind nur die Länder mit den höchstentwickelten Sozialsystemen weltweit und der relativ geringsten Armut auf der Welt. Und diese Länder liegen zufällig alle am Rhein. Und das ist rheinischer Kapitalismus.

Jetzt wird mancher einwenden, was ist denn mit Dänemark? Oder mit Schweden? Der Rhein fließt ja in der Nordsee weiter. Man sieht das nicht so, weil das Ufer weg ist. Aber wenn der da in Holland ins Meer mündet, fließt er mit der Strömung direkt rechts die Ecke herum, kommt an England gar nicht ran. Er schwappt in Dänemark am Ufer vorbei. Dänemark ist also rechtsrheinisch. Man hört das auch an den Ortsbezeichnungen, zum Beispiel Köpenhagen, das heißt Königswinter. Dagegen wiederum Göteborg – Godesberg. Also die gehören auch zum rheinischen Kapitalismus.

Aber was ist jetzt der Unterschied zwischen dem amerikanischen und dem rheinischen Modell?

Nun, der amerikanische Kapitalismus beruht auf dem Satz: Jeder ist seines Glückes Schmied – und die anderen haben Pech gehabt! John Wayne!

Der rheinische Kapitalismus hingegen stimmt sein eigenes Liedchen an: »Drink doch eine met …« Aber nicht aus karitativen Erwägungen heraus, sondern aus der festen ökonomischen Überzeugung, der Umsatz, der ist doch langfristig am größten, wenn alle mittrinken und niemand in der Bronx vertrocknet. Im Rheinland kennt jeder das Lied der »Bläck Fööss«: »Drink doch eine met, stell dich nit esu ahn. Du stehs he de janze Zick eröm. Häs de och kin Jeld, dat es janz ejal, drink doch met und kümmer dich nit dröm!«

Aber dieses Lied, das wäre im amerikanischen Kapitalismus bereits eine pure Provokation. Da kriegen welche Bier ohne Geld. »Häs de kin Jeld, is ejal, drenk doch met, kümmer dich nit dröm.« Wie kann man so was sagen? Das Lied setzt doch den Satz »Leistung muss sich wieder lohnen« völlig außer Kraft mit der imaginären Gewissheit – mit der imaginären *rhei-nischen* Gewissheit –, man muss erst mal gar nix!

Das ist ein schönes Grundgefühl. Man setzt sich ins Schicksal hinein; da wollen wir erst mal gucken, was es gibt. Aber wir lassen uns nix sagen. Eine emanzipatorische Haltung steckt dahinter, schließlich wurde das Lied kurz nach 1968 getextet.

Emanzipation à la Eau de Cologne

Diese emanzipatorische Grundhaltung lernte ich einst zwischen dem sechsten und dem achten Stock kennen. Als Lehrling zum grafischen Zeichner bei 4711 wurde ich häufig zu Botengängen gebeten. Ich empfand das keineswegs als erniedrigend, gerne schlenderte ich mit Reinzeichnungen unter dem Arm durch die weitläufigen Anlagen des Duftwasserkonzerns in Köln-Ehrenfeld. Ich beobachtete, wie ein Eisenbahnwaggon mit Zigtausend Litern Alkohol leer gepumpt wurde, vom Zoll selbstverständlich streng kontrolliert, schließlich sollte er zu Duftwasser verarbeitet werden, nicht zu Kirschwasser oder anderen Spirituosen, was steuerliche Konsequenzen gehabt hätte.

Zur gleichen Zeit fuhr ein schwarzer Mercedes 600 auf den Hof. Ein Fahrzeug mit Überlänge, das bei den meisten Unternehmern als zu protzig galt, man beschied sich für gewöhnlich mit einer S-Klasse. In der Pullmann-Limousine vermutete man eher Mao Tse-tung oder den Papst. Es war Ferdinand Mühlens, der dem Fond entstieg, nachdem der Chauffeur das Portal öffnete. Die besondere Art der Fortbewegung des Kapitalisten endete spätestens im Aufzug. Dort stand der Zigarre rauchende Firmenchef neben dem einfachen Stift, also mir. Voller Ehrfurcht grüßte ich freundlich, schließlich leitete er ein Imperium mit mehreren tausend Mitarbeitern, und der Qualm seiner Havanna symbolisierte die rauchenden Schlote des Wirtschaftswunders.

Im sechsten Stock endete die Erhabenheit schlagartig. »Tach, Herr Mühlens!«, grüßte Frau Müller, Export. Eine korpulente Frau in den besten Jahren, bemüht, hochdeutsch zu sprechen, wenn auch vergebens.

»Guten Tag, Frau Müller, wie geht es Ihnen?«, fragte der hochgewachsene sechzigjährige Industrielle das Prachtexemplar der Arbeiterklasse, immerhin zwei Köpfe kleiner.

»Herr Mühlens«, erhob sie die Stimme, als wolle sie etwas Nettes sagen, doch dann kam mit entwaffnender Ehrlichkeit: »Schläääch, zu winnich Jeld!« Gar nicht groß mit Smalltalk aufhalten, nach zwei Stockwerken müssen die Tarifverhandlungen beendet sein.

»Frau Müller, Sie verdienen doch nicht schlecht bei mir«, entrüstete sich der Boss.

Sekundenschnell konterte die kleine Kauffrau in breitestem Kölsch: »Herr Mühlens, Sie wissen doch

Die Franzosen nummerierten die Häuser –
so entstand die Firma „4711"

Foto: Jürgen Mainx

nit, wat en Emmerschen Däsh koss!« (Sie wissen doch nicht, was ein Eimerchen Dash kostet, ein damals beliebtes Vollwaschmittel.) Mit anderen Worten: Sie gehen doch nicht einkaufen und wissen nicht, das alles teurer wird.

So habe ich bereits im ersten Lehrjahr den korrekten Umgang mit Vorgesetzten gelernt. Das Rezept der Kinderschokolade – viel Milch, wenig Kakao – versüßt hier entsprechend den Alltag der Erwachsenen: viel Humor, wenig Respekt!

Überhaupt muss man sich die Arbeitswelt der siebziger Jahre noch einmal vor Augen führen. Neu war für uns die Gleitzeit, die das Leben geschmeidiger machte. Man konnte morgens kommen zwischen sechs und neun und abends gehen zwischen drei und sechs. Meine Kollegen in der Werbeabteilung kamen tendenziell früh, während ich es liebte, spät zu kommen und früh zu gehen. Das führte schnell zu einem Minus auf dem Stundenkonto, das aber leicht kompensiert werden konnte.

Gegen vier leerte sich das Atelier, und ich begab mich mit meiner Jacke in die hintere Ecke des Großraumbüros. Dort legte ich mich unter den Schreibtisch des Herrn Grünhagen, eines freundlichen Frühaufstehers, der immer schon früh Feierabend hatte. Die Jacke zum Kopfkissen gerollt, schlief ich dort mein Zeitdefizit wieder heraus.

Kurz vor sechs weckte mich regelmäßig der Schrubber einer Frau mit Kopftuch. »Du aufstehen!«, stieß mich die türkische Putzfrau lächelnd in die Seite. »Du wieder fleißig!«

Viel Humor, wenig Respekt!

Besondere Bedeutung hatte die Mittagspause. Damit nicht alle 2000 Mitarbeiter die Firma auf einmal verließen, war die Mittagszeit gestaffelt. Die ersten gingen von halb eins bis eins, die nächsten von eins bis halb zwei und schließlich die letzten von halb zwei bis zwei. In der Praxis bedeutete das, wir machten Mittagspause von halb zwölf bis halb drei. Davon profitierte die Wirtschaft enorm. Haus Scholten, et Klosterstüffje, aber auch der Wullewupp (Woolworth) lebten im Wesentlichen vom Umsatz der Mittagspause bei 4711.

Gearbeitet wurde zwar auch, aber nach den Maßstäben der heutigen Leistungsgesellschaft allenfalls in homöopathischen Dosen. Ich zeichnete pro Woche zwei bis drei Anzeigen: »Mit Tosca kam die Zärtlichkeit.« Das Ganze auch für Tageszeitungen in Honululu. Ohne die lange Mittagspause hätte ich vielleicht gar nicht herausgefunden, dass die Zärtlichkeit nicht mit Tosca kam, sondern in meinem Fall mit Ingrid.

Einen ähnlichen Arbeitseifer konnte man damals auf Baustellen beobachten. Für einen höflichen Unternehmer gehörte es sich, beim Betreten des Rohbaus laut zu rufen: »D'r Chef kütt!« So ersparte man den Arbeitern die Schmach, vom Vorgesetzten ausgerechnet beim Nichtstun angetroffen zu werden.

Noch 1984 schrieb die damals erfolgreichste Volksmusikgruppe des Rheinlandes, Bläck Fööss, ein Arbeiterepos, das die Situation treffend beschreibt: »D'r Mürer«, der Maurer. Über viele Strophen kann der Hörer verfolgen, wie er sich auf der Baustelle häuslich einrichtet, erst mal genüsslich auf dem Klo den Sportteil ausbreitet, dann nach dem Polier schaut, der aber noch nicht da ist, und schließlich gegen Feierabend einen Sack Zement im Kofferraum verstaut.

>»Er sagt zu ihm, komm mit, du frierst,
>bevor dich einer klaut!
>Er steigt in seinen Wagen ein, zieht
>freundlich seinen Hut und ruft:
>Ich bin dann fott bis Dienstag, Junge,
>maach et jood!«

Fort bis Dienstag! Hier liegt die Tradition des blauen Montags zugrunde, die sich heute noch in kirchlichen Feiertagen zeigt: Pfingstmontag und Ostermontag legalisieren das »Blaumachen« nach durchzechtem Wochenende. Beim Maurer kommt daher ganzjährig der Montag als Arbeitstag erst gar nicht in Betracht.

Es ist nicht schwer, sich vorzustellen, was auf der Baustelle los war, als nach dem Mauerfall die ersten Brigaden aus Sachsen eintrafen. Die hatten irgendwie gehört, im goldenen Westen müsste man unheimlich reinklotzen, das wäre eine unerbittliche Leistungsgesellschaft! Wer immer ihnen das auch erzählt haben mag – auf die Weise wurde der Erholungswert der Arbeit in Westdeutschland durch 40 Jahre aufgestauten Fleiß nachhaltig reduziert.

Nicht, dass wir die Erfahrung noch nie gemacht hätten: Als in den sechziger Jahren die ersten italienischen Gastarbeiter zu Ford nach Köln kamen, gab es zunächst einen ähnlichen Effekt, neue Besen... Aber dann haben die Arbeiter die neuen Kollegen hinter die Maschine zitiert, sie einmal ordentlich vermöbelt, damit die den rheinischen Slowfox-Akkord nicht beschleunigten. Das hatten die dann sofort kapiert, und seitdem sind sie Freunde.

Diese handfeste Geschwindigkeitsbegrenzung war bei den arbeitsbeflissenen Preußen nicht möglich. Schließlich waren das jetzt unsere Landsleute, und da war man irgendwie gehemmt. Erst dachte man, die sind doch aus den fünf faulen Ländern, das geht bestimmt wieder weg. Aber nix!

Was für ein Dilemma! Protestantisch-sächsischer Preußenfleiß im katholischen Rheinland. In Dresden hat man in kurzer Zeit die komplette Frauenkirche wieder aufgebaut – in Köln undenkbar. Da hat man für den Dom allein 600 Jahre gebraucht. Niemand störte es, dass da über ein halbes Jahrtausend die Fenster, das Dach und die Türme fehlten. So waren die

Rheinländer im Grunde neidisch auf die DDR-Wirtschaft. Dort war der rheinische Traum geradezu perfekt verwirklicht: Alle hatten Arbeit, aber niemand was zu tun.

Die Rheinländer haben den Fleiß nicht erfunden, das waren die Preußen in Berlin. Die haben die Kölner damals gezwungen, den Dom zu Ende zu bauen. Und kaum war die Regierung von Bonn nach Berlin umgezogen, hatten wir die Diskussion um die Verlängerung der Arbeitszeit am Hals. Das ist kein Zufall.

Wer hat denn im August 1961 in nur wenigen Stunden eine halbe Stadt zugemauert? Die protestantischen Preußen in Berlin. In Köln hätte man die Mauer niemals eingerissen, die wäre noch gar nicht fertig!

Aber der würzige Duft gelassener Lebenskunst scheint verflogen. Warum? Weil der Kapitalismus härter, brutaler und aggressiver geworden ist, er droht gar, die ganze Erde aufzufressen.

Doch was ist überhaupt Kapitalismus?

»Stelle mer uns mal janz dumm!«

Neulich bei uns in Köln am Chlodwigplatz: Sitzen ein paar Punker auf der Erde. Punker gibt es erstaunlicherweise immer noch, das ist mittlerweile Brauchtum – wie Trachtentänzer oder die Roten Funken. Die Punker fragen jeden: »Haste mal 'n Euro?«

Jetzt passiert etwas Bezeichnendes: Der allseits bekannte Zuhälter aus der Merowingerstraße kommt mit einer wasserstoffblonden Dame an seiner Seite, mit der er beruflich zu tun hat, da vorbei und gibt so im Vorübergehen dem Grünhaarigen einen väterlichen Rat: »Jung!« – Jetzt muss man wissen, der Kölner sagt zu jedem erst mal »Jung«. Auch zu Frauen sagt der Kölner mitunter »Jung«. Nur zur alten Frau, da sagt er »junge Frau«. Sagt der – so ist es wirklich passiert, ich dachte, ich traue meinen Ohren nicht –, sagt der Zuhälter zum Punker: »Jung! Da musste ding Ahl an de Eck stellen, dann bruchste dat nit!«

Es war ja nett gemeint: die Alte an die Ecke stellen. Das macht der Zuhälter ja hauptberuflich. Er wollte durch das Ausplaudern seines Betriebsgeheimnisses dem Jugendlichen auf die Beine helfen und eine kleine Gründungsoffensive starten.

Man kann doch sagen, die Tätigkeit des Zuhälters entspricht im Wesentlichen der eines Aufsichtsrates einer größeren Bank oder eines Industriebetriebs. Das heißt, der arbeitet nicht selber, er kontrolliert die Arbeit anderer, die Produktionsmittel, die Dienstleistungen, und achtet darauf, dass ihm die Konkurrenz nicht die Butter vom Brot nimmt. Und nicht zuletzt wird sowohl im Aufsichtsrat wie auch beim Zuhälter diese Kontrolltätigkeit höchst fürstlich honoriert. Man kann sagen, die Tätigkeit des Zuhälters genießt höchste gesellschaftliche Anerkennung.

Sicher, ein bisschen ein Problem ist die Branche. Er sollte zur Deutschen Bank wechseln. Obwohl das zum Zuhälter nochmals einen enormen Imageverlust bedeutet. Sagen wir besser Ikea. Bei Ikea im Aufsichtsrat. Stellen Sie sich mal vor, Ihr Sohn, Ihre Tochter säße im Aufsichtsrat. Das würden Sie doch direkt erzählen.

»Hör mal! Der Kevin sitzt ja im Aufsichtsrat.«

»Der Kevin im Aufsichtsrat?«

»Ja, der Kevin sitzt im Aufsichtsrat!«

»Hauptschulabschluss, und dann im Aufsichtsrat?«

»Ja, gerade deshalb!«

Aber nehmen wir mal an, der Kevin wäre jetzt Punker. Das würden Sie doch nicht an die große Glocke hängen. Da würden Sie sagen: »Tja, wat macht der Kevin? Ach, der weiß noch nicht, der sucht noch.«

Warum will man das nicht erzählen? Nun, der Satz »Haste mal 'n Euro?« bewegt sich bei uns doch eher in den Randbezirken gesellschaftlicher Ordnung. Und genau das war vor dem Kapitalismus mal genau umgekehrt. Noch im Mittelalter zum Beispiel war es völlig egal, wenn Sie gebettelt haben. Das konnten Sie überall erzählen. Die Reichen brauchten ja die Armen, damit sie in den Himmel kamen, hatten oft ihren Hausarmen unter der Treppe wohnen, der mit durchgefüttert wurde und dann für die Reichen beten musste. Auch vor den großen Kirchen gab es feste Plätze für Bettler, die konnten sie weitervererben an die Kinder. Also, das Almosen-Wesen war allgemein akzeptiert. Es ging ja auch nicht anders.

Aber Zinsen nehmen, was die Banken heute wie selbstverständlich machen, das war früher Sünde. Schlimmer als Fremdgehen. »Von euren Brüdern dürft ihr keinen Zins nehmen«, steht in der Bibel. Aber die Juden waren keine Brüder, von ihnen durften sich Christen Geld leihen. Da den Juden die meisten Handwerke verboten waren, kultivierten sie das Kreditwesen.

Und wer seine Zinsen nicht zurückzahlen konnte, verfluchte die Juden. Wenn der Bauer nicht schwimmen kann, liegt es an der Badehose. Dazu passend predigten Bettelmönche: »Die Juden haben Gott getötet!« Also sei es ein gottesfürchtiges Werk, Juden zu töten. Die Prominentesten dieser Hassprediger wurden dafür heilig gesprochen.

Die Aufregung um Papst Benedikt ist verwunderlich. Er hat die Exkommunikation der Pius-Brüder samt Holocaustleugner Williamson aufgehoben – und? Antisemitismus gehörte schon immer zum Kerngeschäft der katholischen Kirche.

Noch bis in die siebziger Jahre hinein wurde in der Karfreitagsliturgie auf Lateinisch gebetet für die »perfiden Juden«. Und nun hat der Papst gebetet, die Juden mögen doch Jesus erkennen. Was für ein Quatsch, dann wären es doch keine Juden mehr. Auf seinem Schreibtisch liegt bereits die Vorlage zur Seligsprechung Papst Pius XII. Er hat zum Holocaust geschwiegen, und viele Nazis wurden nach Kriegsende über den Vatikan herausgeschleust nach Argentinien.

Aber nicht nur das Zinsennehmen, selbst Handel galt früher mal als eine versteckte Form des Betrugs. Wenn einer etwas einkauft, und der braucht das gar nicht selber, sondern verkauft es direkt weiter an einen anderen, dann aber teurer, war das moralisch nicht in Ordnung. Man merkt das heute noch an manchen Branchen, zum Beispiel: Gebrauchtwagenhändler, die direkten Nachfahren der Pferdediebe.

Aber auch im privaten Bereich hat sich diese alte

Moral ja auch noch gehalten. Wenn zum Beispiel ein Freund zu Ihnen sagt: »Hör mal, kannst du mir mal 10 Euro leihen, ich hab das Portemonnaie vergessen?« Jetzt wollen Sie aber später von dem 20 Euro wiederhaben, dann sind Sie ja unten durch. Nichts anderes machen die Banken. Die dürfen das.

Also, alles was den Kapitalismus heute ausmacht, war früher Sünde.

Wie wurde jetzt aus der Sünde ein weltumfassendes System? Nun, das Wort System setzt sich ja zusammen aus den Worten Sünde und Thema. Irgendwann macht man es so häufig, dass die Sünde kein Thema mehr ist, sondern eine Symbiose aus Sünde und Thema, ein systematisches Sündigen, ein System. Wollen wir den Kapitalismus verstehen, müssen wir zunächst mal in die Geschichte des Sündigens eintauchen. Das machen wir hier am besten mit einem kleinen Blick ins Alte Testament, denn da stehen die Geschichten.

Die Sünde als Motor des Fortschritts

Adam und Eva streifen durchs FKK-Gelände. Eva entdeckt frisches Obst: »Ach, guck mal da! Boskop aus biologischem Anbau.« Jetzt wusste der Adam ja, dass Gott als Plantageneigentümer diese Äpfel gar nicht auf den Markt schmeißen wollte. Wahrscheinlich wollte der hinterher Apfelkompott draus machen. Das war ja der Baum der Erkenntnis. Und die Erkenntnis war: Kein Reibekuchen ohne Apfelkompott! Rutscht ja auch besser. Heute selbstverständlich, damals neu.

Der liebe Gott hatte also verboten, den Apfel zu nehmen. Das konnte die Eva aber nicht wissen, denn als er das gesagt hat, war die Eva noch gar nicht da. Da war die noch Kotelett, und Koteletts können ja nicht hören. Da hätte er besser Schweineöhrchen genommen ...

Adam hat es ihr zwar gesagt, aber wie so oft, wo die Nachfrage groß ist, bildet sich eine Schlange. Und diese Schlange sagt: »Eigentum ist Diebstahl! Äpfel sind gut gegen Karies. Nehmt ruhig einen!«

Kaum hatten sie den Boskop gepflückt, romms, waren sie aus dem Paradies vertrieben. So schnell kann das gehen. Und das ist die berühmte Erbsünde, die haben wir alle geerbt. Und deswegen gibt es heute noch nach Ladendiebstahl Hausverbot. Das ist gewissermaßen die Vertreibung aus dem Einkaufsparadies!

Und um diese Erbsünde herum sind jetzt im Laufe der Jahrtausende Dogmen, Heiligtümer, Sakramente entstanden, wie zum Beispiel die Taufe, das wichtigste Sakrament der Kirchen überhaupt, weil die Taufe ja diese Erbsünde wieder tilgt.

Also, wenn Sie nicht getauft sind, da haben Sie ja heute noch den Apfel geklaut. Wie furchtbar. Stellen Sie sich mal vor, alles was wir heute kennen, unsere ganze Kultur gäbe es gar nicht, wenn die damals den Apfel nicht geklaut hätten. Ob Sie an Gott glauben oder nicht, ist dabei kulturhistorisch völlig egal. Wir sind ja Kulturchristen.

Wir sind hier der abendländische Kulturkreis, das christliche Abendland, sagt man ja auch, das kulturelle Abendland. Man merkt das daran, dass bei uns die Kulturveranstaltungen meistens abends sind. Ganz im Gegensatz zum Morgenland, da hat man mehr die Matinee. Der Moslem kennt ja kein Kabarett. Wir müssen hier unterscheiden zwischen Minarett und Kabarett.

Also wir sind der abendländische Kulturkreis, und

der beruht im Grunde genommen komplett auf diesem blöden Boskop. Wenn die damals den Apfel
nicht geklaut hätten, dann würden wir heute noch nackelig hier rumlaufen. Das ist manchmal ganz schön,
aber wir werden ja auch älter. Und insofern kann man
auch sagen, Sünde ist gut. Wenn nicht ab und zu mal
einer ein verbotenes Türchen aufmacht, dann gäb es
keinen Fortschritt. Man kann sagen: Ohne Sünde
kein C&A!

III-Party

Es ist kein Problem, dass der Kapitalismus historisch betrachtet eine einzige Sünde war, denn der hat ja auch alles gemacht, was vorher verboten war, weil er natürlich auch der Motor des Fortschritts gewesen ist. Wer wollte das bezweifeln? Aber infolgedessen ist es dann doch ein Problem, wenn man heute nicht mehr gegen den Kapitalismus sündigen darf. Und wer die Sünde nicht mehr zulässt und die göttliche Gnade einfach abschafft – ist doch eine wunderbare Erfindung, dass einem alles vergeben wird –, der erntet Fundamentalismus. Und das ist das, was heute auch passiert. Wirtschaftsfundamentalismus, der Terror der Ökonomie.

Nehmen wir doch mal die schönste Sünde im Kapitalismus überhaupt, die wir kennen: das Krankfeiern. Hmm! Was für ein Wort. Krankfeiern. Man ist krank, malätzig, man hat Malässen. Aber: Man feiert diese Widrigkeiten des Lebens. Ja, warum? Weil sie einen doch wenigstens vorübergehend von der Last der Arbeit befreien.

Sehen Sie mal, so was kennt der Amerikaner gar nicht. Wenn Sie dem sagen: »Ill-Party« oder »Sick-Festival«, da kann der nix mit anfangen. So was gibt es nur bei uns im rheinischen Kapitalismus. Und das ist doch etwas zutiefst Humanes.

Wer von uns hätte das nicht schon mal erlebt: Man wacht morgens auf. Warum? Der Wecker klingelt zu früh. Wie immer. Aber es ist wieder spät geworden gestern Abend. Das letzte Bier war wieder schlecht. Und dann meint man auf einmal: Oaah! Ich hab so 'nen dicken Kopf, außerdem ist mir auf dem Nach-hauseweg noch einer auf die Hand getreten! Ich leg' mich direkt wieder hin! Oah! Was geht es mir schlecht, das wünsch ich keinem!! Und jetzt auch noch arbeiten gehen? Das kann ich mir nicht vorstel-len. »Wat bin ich ene ärme Kähl!« Gerade Männer können das unheimlich gut!

Und wenn man da so liegt, dann meint man auf einmal: Oh, ich habe schon wieder Malässen, äh, Malässen … mit dem Knie! Genau. Das habe ich schon lange nicht mehr gehabt. Das könnte ich noch mal nehmen. Jetzt dreh ich mich noch mal rum, dann tu ich noch vier Stunden schlafen, und dann geh ich mit dem Knie mal zum Doktor Engel, der ist mir persönlich bekannt, da bringe ich dem noch mal ein Kartönchen von dem Wein mit, dann tut der mich krankschreiben, dann tut er mir was verschreiben, dann geh ich mir in der Apotheke noch was holen.

Und dann jonn ich noch e Bier drinke! Denn in dem Wort Apotheke, da steckt das Wort Theke ja schon drin.

♪ ♪ ♪

»Man fragt sich oft, wo ist denn nur auf dieser
weiten Welt
der wirklich allerschönste Platz, wo's jedem
gut gefällt?
Die eine, die liebt die Natur, der andre den
Sportplatz nur,
doch fragest du jeden Mann, ehrlich sagt er
dann:
Der schönste Platz ist immer an der Theke,
ja, an der Theke ist der schönste Platz.
Ich steh so gerne dort, an diesem schönen
Ort.
Ja, an der Theke, ja an der Theke,
ja an der Theke ist der allerschönste Platz!«

Aber an diesem Liedchen merkt man – das ist ja jetzt fünfzig Jahre alt –, wie sich das doch verändert hat. Wenn heutzutage einer krankfeiert an der Theke, da wird auch hier mancher die Nase rümpfen und schimpfen: Der soll sich nicht so hängen lassen!

Aber genau dafür ist die Theke da. Nehmen wir doch mal als Beispiel immer diese Trittstangen unten an den Theken. Woher kommt das? Mancher sagt, das sei ein Handlauf …

Aber erst später. Erst mal ist das eine Trittstange. Und das kommt noch von früher, als die Landsknechte hier durchgeritten sind. Die hatten ja früher oft diese engen Reiterhosen an. Deswegen nannte man die immer die Knappen. Weil die diese knappen Hosen anhatten. Das war sehr eng im Schritt. Das war ungesund. Die sind ja ausgestorben. Und für diese Knappen hat man extra die Stangen an die Theke geschraubt, da konnten die nämlich ihr Bein an der Theke so auf diese Stange stellen und dadurch das hier zwischen den Beinen mal so ein bisschen baumeln lassen. Daher kommt auch der Satz: Der hängt wieder an der Theke, der Sack!

Da lachen Sie! Da hat man bei uns extra einen Stadtteil nach benannt. Hürth-Knapsack.

Oder der Barhocker. Auch 'ne tolle Erfindung. Wenn man auf 'nem Barhocker so draufsitzt und lässt sein Bein dann da runterbaumeln, dann merkt man auf einmal: Oh! Ich mein, das mit dem Knie, das wär schon wieder besser. Komisch an und für sich. Ich hab die Medikamente doch noch gar nicht genommen!

Und sollte sich jetzt so etwas wie ein schlechtes Gewissen breitmachen, weil man vielleicht doch zu Unrecht der Arbeit ferngeblieben ist, dass man vielleicht gar nicht mal so krank war, wie man erst gehofft hatte, nun, in katholischen Gegenden ging man hinterher beichten – und das schlechte Gewissen war wie weggeblasen. Da konnte man direkt noch drei Tage dranhängen.

Aber jetzt kommt seit geraumer Zeit der amerikanisch-protestantisch-asketisch-puritanisch geprägte Kapitalismus durch die Globalisierung zu uns herübergeschwappt und will das Krankfeiern abschaffen. Man merkt sofort, Lohnfortzahlung im Krankheitsfall muss weg, Kündigungsschutz muss weg. Anstelle des Krankfeierns kommt hire and fire, anstelle der göttlichen Gnade das Holen der Papiere.

Woher kommt dieses zutiefst inhumane protestantische Denken, das uns heute in der Wirtschaft immer mehr zu schaffen macht? Das ist ja pure Askese. Der Amerikaner macht nur zehn Tage Urlaub. Ja, nicht im Monat, im Jahr! Und dann ohne Krankfeiern. Wir dagegen machen ja erst mal sechs Wochen Urlaub, dann feiern wir im Schnitt noch mal drei Wochen krank, und dann noch mal die ganzen katholischen Feiertage. Das ist ja auch herrlich, November, Dezember, da können Sie mit zweimal krankfeiern drei Wochen Urlaub machen.

Das ist katholisches Denken: Wenig Arbeit, viele Feste, dat ist doch immer noch dat Beste. Müde und satt, wie schön is dat!

Franz von Assisi

Woher kommt jetzt dieses protestantisch-asketische Denken?

Komischerweise liegen die Ursprünge dieses Denkens gerade im Widerstand gegen den aufkeimenden Kapitalismus. Und das ist ja oft das Verrückte. Man wollte in der Weltgeschichte was verhindern und hat damit häufig die Grundlagen geschaffen. Der erste Kritiker der Geldwirtschaft überhaupt war ein katholischer Heiliger namens Franz von Assisi. Der hat damit angefangen. Der lebte damals in der Zeit, als das mit den Banken losging. Das war so um 1200 in Italien. Hört man ja heute noch. Bankausdrücke sind immer italienisch: Giro, Cassa, Conto, Disagio, Saldo, Spaghetti in der Mittagspause.

Und so lebte der Franz mitten in dieser Bankenwelt und hatte selber viel Geld, war er doch Sohn des reichen italienischen Modezaren und Tuchhändlers Pietro Bernardone. Da ist später Benetton draus entstanden. So hatte auch Franz immer die teuersten Stöffchen an. Alles aus Seide. Edle Araberhengste, immer die teuersten Weine, immer Superschüsse im Arm. Man kann sagen, der Heilige Franz von Assisi lebte nach dem Motto »Suffe, poppe, Kate kloppe« oder übersetzt: Geld allein macht nicht unglücklich.

Nun ist dem Franz aber eines Tages eine Erscheinung erschienen. Er reitet mit seinem edlen Araberhengst durch die Pasta-Pampa und kurz vor Erreichen der Höchstgeschwindigkeit sieht er am Wegesrand einen Aidskranken im Endstadium. Das waren damals die Aussätzigen. Sie erinnern sich vielleicht noch, als Aids bei uns aufkam, hat die katholische Kirche gesagt: Das ist eine Strafe Gottes für Unzucht! Doch dann hat Rita Süsmuth Kondome verteilt und Solidarität gefordert. So war das damals auch. Man kann sagen, der Franz von Assisi war die Rita Süsmuth des Mittelalters. Mit den Aussätzigen wollte keiner was zu tun haben. Aber der steigt runter vom Zossen und küsst dem armen kranken Mann die Hand.

Und dann kam so 'n Lichtstrahl vom Himmel – das sollte eigentlich ein Heiligenschein werden, doch der liebe Gott übte noch an der Laserkanone. Das hat noch nicht direkt geklappt. Aber: Der dürre Baum fing an zu blühen, die Vögel fingen an zu zwitschern und der Franz konnte mit den Tieren sprechen.

Und da hat er gesagt: »Ist doch kein Wunder, wenn so 'n Wunder geschieht. Ich will jetzt den ganzen Plunder nicht mehr. Ich bin jetzt erleuchtet. Ich gehe jetzt in die selbst gewählte Armut.«

Da sagt sein Vater: »Nichts da, du musst die Firma übernehmen. Solange du meine Klamotten anhast, machst du auch, was ich will.«

»Gut«, sagt der Franz, »zieh ich die Klamotten eben aus.«

Dann hat der sich in der Kirche vor allen Leuten nackelig ausgezogen, kann man ja auf vielen Bildern im Religionsunterricht noch sehen. Da steht der Franz nackt in der Kirche. Vor allen Leuten. Im Mittelalter! Nackt! In der Kirche! Das ist doch heute noch schwierig. Obwohl, heute können Sie es vielleicht bringen, da ist ja sonst keiner.

Aber da man auch schon damals in Italien die Genitalien nicht einfach so herumbaumeln lassen durfte, hatte der Franz mit seiner Armut alle Hände voll zu tun. Spätestens bei der Kommunion war das natürlich lustig. Wahrscheinlich hat man deswegen dann die Mundkommunion erfunden, dass man die Hände unten lassen konnte. Trotzdem hat der Franz sich diese braunen Kutten genäht. Braune Kutten mit Kapuzen. Man sagte damals: »Mit den Kapuzen durch die Abruzzen.«

Das war so 'n bisschen Kultkleidung, so wie die olivgrünen Parkas, die wir so in den siebziger und achtziger Jahren trugen. Erinnern Sie sich noch? Das sah scheiße aus. War aber extra! Die Jugend von heute sieht manchmal auch scheiße aus. Aber die weiß das nicht.

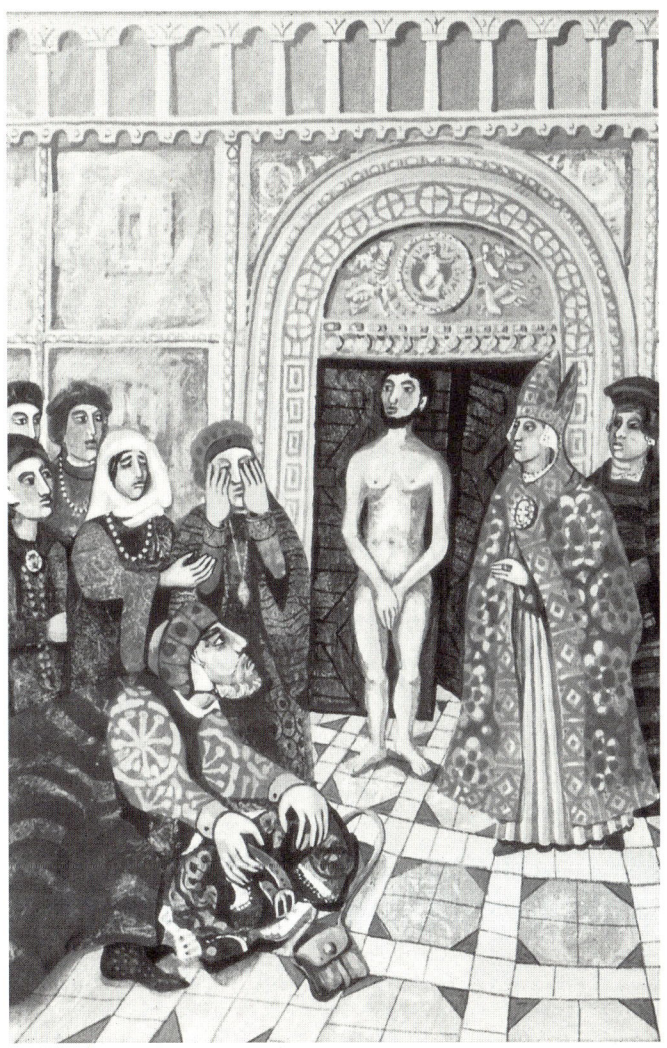

FKK-Kathedrale in der Toskana

Jedenfalls sind dem Franz viele Jugendliche zu-
gelaufen, die bei seinem Armutsprojekt mitmachen
wollten. Natürlich nur Jugend aus reichem Hause.
Ist ja klar. Armut macht ja nur Spaß, wenn man vorher reich war. Und die haben sich gesagt: »Komm,
wir gründen einen Alternativbetrieb, wir gründen
jetzt eine Firma ohne Chef, und das ist der Franz.«

Wer war damals Papst? – Innozenz. Übrigens nicht
zu verwechseln mit Papst Nonsens, Ratzinger kam
später. Dieser Innozenz sprach: »Mensch, Franz, das
ist interessant, was du da machst, so einfach leben
wie Jesus, zurück zum wahren Glauben, ich meine,
Franz, du musst die Kirche reformieren.« Jetzt hat
der Franz verstanden, er müsse die Kirche renovie-
ren. Das Missverständnis ist wirklich genau so vorgekommen. Da ist der mit seinen Freaks losgezogen
und hat die Kirchen renoviert. Können Sie sich das
vorstellen? Der Alternativbetrieb war mit Moltofill
am Spachteln, über das Fresko drüber, ein furcht-
barer Huddel. In Assisi kam der ganze Scheiß später
wieder runter.

Es lag dem Franz einfach nicht. Der hatte zwei
linke Hände. Wenn er das gut gemacht hätte, dann
wäre er heute der Schutzpatron der Heimwerker-
märkte. Aber da ist nichts draus geworden. Das
wurde dann der Heilige Innes. Kennen Sie doch? St.
Innes. Stinnes Baumarkt. Den hat man säkularisiert,
mittlerweile heißt er toom. Schade.

Die Kirche fand allerdings interessant, was der Franz da machte, denn es war eine Zeit ähnlich der heutigen, eine Zeit, in der sich alles veränderte. Wir nennen es heute Globalisierung, damals hieß es Fernhandel. Franzens Vater, der Benettons Pitter, und Kollegen hatten nun Manufakturen aufgemacht, die Stoffe aufeinandergestapelt, mit dem Messer alle auf einmal geschnitten, und dann hat immer einer das Bein angenäht, der andere den Arm, wieder andere den Saum gemacht, den ganzen Tag immer dasselbe. So ging das schneller und so wurde das billiger.

Mit den Banken wurden Handelskreisläufe mit anderen Gegenden errichtet, mit Frankreich, mit Griechenland. – Griechenland kennen Sie doch? Gyros! Gyros heißt auf Griechisch: Kreis. Ich nehme an, weil sich das immer dreht. Oder Giro heißt ja auch Kreis. Sie kennen doch das Radrennen Giro d'Italia, weil die immer im Kreis fahren. Oder Girokonto. Ist bei der Kreissparkasse.

Durch diese ganzen Handelskreisläufe sind die plötzlich zu einer Mörderkohle gekommen, und so hatten die reichen Handelsfamilien in den reichen italienischen Städten plötzlich die Macht. Zuvor war es der Adel, aber der hatte das ja alles nicht. Der Adel war zwar immer noch reich in Form von Grundbesitz, das war es aber auch. Man kann sagen: Der Adel hatte zwar einen Rolls-Royce, jedoch keine Knete zum Tanken. Dumm gelaufen.

Nun hat ja zuvor die Kirche den Adel immer religiös überhöht und gesagt: Der Adel ist von Gott gewollt. Das Volk muss dem Adel dienen, dann dient es Gott. Jetzt hatte der Adel nichts mehr, da konnten die sich mal langsam wieder was Neues ausdenken, das kann die Kirche ja prima, und das ist das Schöne an der Religion. Das kommt immer wieder vor.

Zum Beispiel hat ja damals die Kirche behauptet: Die Erde ist der Mittelpunkt der Schöpfung. Alles dreht sich um die Erde. Dann kam der Galileo Galilei und hat gesagt: »Totaler Quatsch! Es gibt Millionen von Sonnensystemen, funktionieren alle gleich, die Planeten kreisen wie Trabanten um die Sonne. Die Erde ist einer von Millionen Planeten.« Da hat die Kirche dem die Folterkeller gezeigt, und er meinte dann, er würde noch mal überlegen.

Die katholische Kirche war ein gefährlicher Gegner der Wissenschaft, viele wurden auf dem Scheiterhaufen verbrannt wie Giordano Bruno. Aber jetzt hat ja neulich der Vatikan feierlich verkündet, der Galileo Galilei ist rehabilitiert. 400 Jahre später. Das ist für die katholische Kirche eine spontane Affekthandlung!

Ja, man lacht, aber es ist ja auch schwer. Das liegt daran, dass der liebe Gott kein Fax schickt, was er denn jetzt will. Oder eine E-Mail. Der liebe Gott hat ja nichts. Und der Vatikan ist mit dem Internet auch nicht vertraut. »Wir müssen da auch mal reingucken«, sagte der Papst nach der Affäre um Bischof William-son. »Wir wussten nicht, dass seine holocaustleug-nende Rede im Internet stand.«

Das Schlimme war also nicht, dass der Vatikan von der antisemitischen Rede wusste, sondern dass andere das auch wussten!

Die Pius-Sekte ist im Internet präsent, Gott hingegen hat keine Website. Das heißt, der Papst, der muss sich Gottes gute Wünsche alle ausdenken.

Also rannte Innozenz hin und her und dachte: »Mensch, was will der denn jetzt? Sollen wir jetzt alle so leben wie der Franz, so einfach, zurück zum wahren Glauben, fromm nach der Bibel, wie Jesus? Will der liebe Gott, dass ich das auch mache? Da habe ich aber keine Lust zu.« Das ist oft ganz simpel, es soll ja auch Spaß machen. Oder wie es der amerikanische Komiker Joe E. Lewis resümierte: »Ich bin arm und ich bin reich gewesen. Glaubt mir – reich ist besser.«

Innozenz aber war clever: »Wir machen das so, der Franz, der bekommt einen eingetragenen Verein, da kann der Spendenquittungen ausstellen, ist zufrieden und hat was Eigenes. Und wir als Kirche, wir gründen auch eine Bank.« So haben sie dann die Banco Ambrosiano gegründet, die Vatikanbank, die heute noch so fabelhaft mit der Mafia zusammenarbeitet. Die Kirche konnte also weiter, anders als Jesus, in Prunk und im Luxus und im Geld und auch in den Frauen schwelgen.

Merke: Man darf dem Geld nicht hinterherrennen, man muss ihm entgegenkommen.

Franz aber hat seinen Stiefel weiter durchgezogen und gesagt:

»Plunder lenkt ab vom Wunder.« Und als seine Freaks ein Kloster bauen wollten, ein Franziskaner-Kloster, ist der wutentbrannt hin, hat die Mauern eingetreten, die Schubkarre fortgeschmissen, Betonmischmaschine umgekippt und geflucht: »Nichts da, Freunde, Mauern sind schon zu reich. Das korrumpiert uns. Nur zelten!« Der Franz hat das Camping erfunden.

Auf vielen Bildern sieht man an den Händen und Füßen blutige Flecken. Von wegen Stigma! Der hat sich die Heringe da reingesemmelt! Er ist darüber schwer gealtert. Mit 70 Jahren noch auf der Isomatte, das ist doch nichts. Und daran merkt man schon, dass sich diese seine Grundidee der Askese mit dem freiwilligen Selbstverzicht so erst mal nicht durchsetzen wird. Viele Jahre danach leider schon durch den Protestantismus, doch dazu später. Deswegen sagt man ja in katholischen Städten wie Bonn und Köln heute noch diesen wunderbaren Satz: »E Bies, wat sich nix jönnt!« Ein Biest, ein Unmensch, der nicht zu genießen versteht und sich selber nichts gönnt.

Da haben wir das schon mal aus dem Kopf!

Die Städte haben ja oft die merkwürdigsten Wahrzeichen, zum Beispiel Remagen – keine Brücke. Oder Hamburg – die Reeperbahn. Neulich sagte noch ein Freund zu mir: »Komm, jetzt gehen wir erst mal in den Puff, dann haben wir dat schon mal aus 'm Kopp.«

Ein zutiefst katholischer Satz, wie ich finde. Man kann es ja hinterher beichten. Aber das interessanteste Wahrzeichen in dieser Hinsicht finden wir da, wo der Rhein den Bodensee wieder verlässt. Da steht am Ufer diese neun Meter hohe, 18 Tonnen schwere Statue einer Edelhure namens Imperia.

Das ist also das Busenwunder von Konstanz. Der Bildhauer Peter Lenk hat diese Figur in einer Nacht- und Nebelaktion dort aufgestellt. Alle waren empört, der damalige Ministerpräsident Erwin Teufel wollte die schändliche Plastik wieder abreißen lassen. Aber sie steht heute noch da, und mittlerweile sind auch die Konstanzer dafür, weil es kommen mehr Touris-

ten in die Stadt und lassen ihr Geld dort. Wo der Umsatz stimmt, ist Toleranz kein Problem.

Jetzt sagt man ja Kabarettisten nach, sie würden in Sachen Kirche immer maßlos übertreiben. Aber was sich hier in Konstanz 1414 bis 1418 abgespielt hat, ist satirisch kaum zu überhöhen. Das Konstanzer Konzil. Ich habe ja eben erzählt, der Franz von Assisi hat die Askese, den freiwilligen Selbstverzicht, gepredigt.

Aber die Kirche hat weiter im Prunk und im Luxus und auch in den Damen geschwelgt, und das alles sollte jetzt in Konstanz noch mal besprochen werden. Die Stadt hatte damals 8.000 Einwohner, aber während dieses vierjährigen Konzils waren permanent über 20.000 Äbte, Bischöfe, Päpste und Kirchenfürsten in der Stadt. Und infolgedessen wimmelte es nur so von bildhübschen Dirnen, prachtvollen Liebesdienerinnen und Konkubinen, die allesamt hingekommen waren, den Konzilsvätern Sinn und Verstand zu erleuchten. Imperia ist dabei in die Weltliteratur eingegangen, weil sie in einer Erzählung von Honoré de Balzac die unangefochtene Nummer eins des horizontalen Gewerbes war. Sündhaft schön und sündhaft teuer. Also für den einfachen Pastor auf der Straße schier unerschwinglich.

So ein einfacher Pastor ist jetzt im Gefolge des berühmten Bischofs von Bordeaux, ein bildhübsches, junges, kleines Pfäfflein. Dieser schöne, aber arme Philipp von Mala, so heißt das knackige Pastörchen, gerät nun in diese schier unglaubliche Veranstaltung. Er streicht durch die Straßen und Gassen von Konstanz und sieht, wie die Kardinäle sich da zu ihren Beischläferinnen begeben, er beobachtet sie durch die Fenster, quasi in peepshowartigen Popenpornos der Premiumklasse, wie – Zitat – »die gottgefälligen Äbte und übrigen geistlichen Herren sich vergnügten und wacker becherten und verliebt das himmlische Halleluja anstimmten. Die Küchen vollbrachten wahre Wunder. Dampfende Suppentöpfe, gebratene Pfauen in grüner Kaperntunke, rheinischer Sauerbraten vom Pferd. Und überall schwappvolle Humpen mit Würzwein. Und hatten die wackeren Pfaffen dann üppig getafelt und gezecht, so herrschte auf einmal andächtige Stille.«

Und dann ging es auf diesem klerikalen Erotikfestival so richtig zur Sache. Oder, wie Balzac das ausdrückte, »so ging alles zum Besten«.

Unser junges, anmutiges Priesterlein Philipp von Mala – voll in der Rösigkeit – schleicht durch die Hintertür in das schönste Haus der Stadt, flink wie ein liebestoller Windhund die Treppe hinauf, lässt sich von den köstlichen Düften zur Kammer leiten, wo die Herrin des Hauses mitsamt ihren Frauen sitzt. Sie hat ihr Geschmeide abgelegt, ihre Gewänder, und da sitzt sie nun in strahlender Nacktheit und voller Blüte. Imperia! Philipp läuft glutrot an, und seinem Munde entfährt nur ein leises, lüsternes »AAH!«.

Kurzum, Imperia und Philipp verlieben sich tatsächlich unsterblich ineinander. So ein knackiges Pastörchen ist der Imperia überhaupt noch nicht vor die Flinte gekommen. Sie schlemmen, herzen und küssen sich. Aber sie können sich einfach nicht in Liebe vereinen. Warum? Weil permanent ein anderer Erzbischof, Abt oder Kardinal in der Tür steht und in die Affäre hineinplatzt. Wie gesagt, der Kunde ist König. Nun kommen die alle. Und kaum ist der eine durch die Tür, schon steht der Nächste auf der Matte. Da kommt man zu nichts.

»Die schöne Imperia und andere Erzählungen« heißt dieses Buch von Balzac, es ist heute noch im Antiquariat erhältlich, auch als Reprint, es gehört in jede gute Sakristei. An diesem kleinen Stück Weltliteratur spüren wir, der Zölibat und das Priesteramt wurden damals nicht etwa mit Askese à la Franz von Assisi oder gar prüder Enthaltsamkeit in Verbindung gebracht. Nein! Der Unterschied zwischen der Ehe und dem Zölibat bestand im Wesentlichen darin: In der Ehe hat man nur eine Frau.

Aber damals gab es eben auch Spielverderber, Reformer, Puritaner, Prüderisten, die Vorboten des Protestantismus. Und die hatten keinen stehen – denen stand es bis hier. Und jetzt hielten die da Moralpredigten. Können Sie sich das vorstellen? Den Kirchenfürsten! Quasi den Urhebern der Moral, denen mit Moral kommen! Und ausgerechnet in dem Moment, wo die mit dem beschäftigt waren, was sie am besten konnten. Also quasi, kurz bevor die selber kamen. Das ist aber auch 'ne Frechheit. Jetzt stellen Sie sich doch mal vor, Joachim Kardinal Meisner wechselt gerade in die Missionarsstellung, und da kommt da so eine Uta Ranke-Heinemann und will Kirche von unten. Ja ...

Also wer soll sich denn da noch konzentrieren? Damals in Konstanz wurde der Koitus Interruptus erfunden, den die Kirche ja heute noch empfiehlt – aus Rache. Die vergessen nie was.

Einer dieser Moralapostel war Johann Hus. Dieser Johann Hus forderte damals die Abschaffung des Papsttums. Heute könnte man das vielleicht bringen. Heute gibt es ja den Papst auf CD-Rom. Damals jedoch, zu Imperias Zeiten, hatte man drei Päpste, und zwar auf einmal, und die waren alle drei poppemunter.

Drei Päpste, wie konnte das passieren? Einmal hat man einen Franzosen zum Pontifex Maximus ernannt, und als der dann Papst war, sagte der: »Ich ziehe aber nicht nach Rom. Hier in Frankreich habe ich bessere Weiber.« Er hat sich in Avignon dieses riesige Bordell gebaut, einen prachtvollen Papstpalast, der heute noch der Stolz dieser Stadt ist. Frei nach dem Motto: »Der Vatikan ist da, wo Vati kann.« Daher der Name.

Da war der Papst jetzt in Frankreich. Das war natürlich für Rom blöd. Rom ohne Papst, das geht ja nicht. So haben die sich natürlich da auch einen gemacht, und da hatten sie zwei! Einen in Avignon und einen in Rom. Zwei Päpste ging aber nicht, es kann ja nur einen geben. Man setzte beide ab und ernannte einen neuen – und da hatte man drei. Die anderen blieben einfach. Das war die Dreifaltigkeit des Gottwunders, der Beruf Papst wurde populär, englisch: Pope. Das fanden aber viele beschissen, und deswegen nannte man das Schisma. Und dieses Schisma sollte jetzt in Konstanz beseitigt werden.

Jetzt greifen wir als Beispiel mal einen dieser drei Päpste heraus. Baldassare Cossa, ein ehemaliger Seeräuber, ging als Papst Johannes XXIII. nach Konstanz. Man hat den Namen später noch mal verwendet, um das wieder zu löschen, aber damals hieß er tatsächlich so. Dieser sollte jetzt verschwinden; man hat ihm den Prozess gemacht, weil man ihn loswerden wollte.

Die Anklagepunkte sind alle überliefert und höchst bemerkenswert. Man warf ihm vor, seine kirchliche Karriere durch Ämterkauf gemacht zu haben. Er habe seine Vorgänger vergiftet, um selber Papst zu werden, des Weiteren Ehebruch mit seiner Schwägerin, Unzucht, Sodomie begangen, er habe Kirchengut verschleudert und er glaube gar nicht an Gott. Er hat sich also wie ein gewöhnlicher, durchschnittlicher Papst seiner Zeit verhalten.

66

Aber man wollte ihn halt loswerden. Und er wurde dann auch verurteilt. Nicht zum Tode. Nee, so schlimm war das alles nicht, das sah man wohl ein. Ab jetzt war er ein Expapst im Kerker, wo er zusammen mit Johann Hus in einer Zelle einsaß. Das war natürlich fies. Stellen Sie sich mal vor, Papst Benedikt XVI. mit Eugen Drewermann in einer Zelle. Ein Fall für die Menschenrechtskommission der UNO.

So wurde Baldassare Cossa auch nach kurzer Zeit wieder freigelassen, während man aber Johann Hus, der das ja alles angeprangert hatte, was man Cossa scheinheilig vorwarf, dann als Ketzer auf dem Scheiterhaufen verbrannte.

So wurden in diesem historischen Augenblick damals in Konstanz die Weichen gestellt. Während unser heißblütiger Philipp von Mala mit der Kraft seiner Liebe gerade dabei war, zwischen den imposanten Schenkeln der schönen Imperia die glühendsten Wonnen luxuriösester Lustbarkeiten, from the top of the pop, für Otto-Normal-Geistliche unerschwinglich, zu koitieren, da machten die Führungskräfte der Firma Kirche in Konstanz den riesengroßen Fehler, die Feinde des Papsttums und des Zölibats – sprich die Feinde der freien Liebe und der sexuellen Revolution im Klerus – nicht durch liberalen Gruppensex zu integrieren.

Denn das Verbrennen der Moralapostel auf dem Scheiterhaufen war eine ungewollte PR-Aktion, quasi ein Rauchzeichen eines sich heranbildenden Protestantismus. Denn wer so stirbt, ist wichtig! Der steht am nächsten Tag in der Zeitung.

Erinnern Sie sich noch an den schönen Schlagersänger Rex Gildo? Um den war es sehr ruhig geworden, man hatte Jahre nichts mehr von ihm gehört, er war schon fast vergessen. Dann sprang er plötzlich aus dem Fenster! Folglich wurde wochenlang über ihn berichtet. Der Hausmeister hat ihn gefunden und gesagt: »Hossa! Wer liegt denn da?« Und dann kam direkt der Satz: »Hier können Sie nicht stehen bleiben!«

Immer dat Genaue

Auch Johann Hus kannte vorher kaum einer, aber nach seinem spektakulären Tod wollte jeder wissen, warum und weshalb. So konnte Luther später sein Konkurrenzunternehmen aufmachen und die katholische Kirche fragen: »Brauchen Sie 'ne Quittung?«

Wir wissen nicht, was die Kirchenfürsten geantwortet haben, jedenfalls haben sie sie bekommen. Man muss ja sehen, der Luther, der war überzeugter Katholik. Der war fromm, der lebte nach der Bibel, der glaubte so richtig an Gott. Und das galt ja bei den Kirchenfürsten damals als völlig pervers. Der Luther war im Grunde genommen eine religiöse Minderheit, sagte er doch: »Entweder man hält sich an den Zölibat, oder man schafft ihn ab.« Dä! Immer dat Genaue. Das war das Problem Luthers. Der nahm alles sehr genau.

Der Zölibat war damals nur 'ne Idee, und die Idee reichte eben früher aus. Die Menschen lebten in einer Welt voller Ideen. Die Idee, die Vorstellung Kirche zählte, nicht die individuelle Promiskuität der Prälaten. Das heißt, man glaubte an ein Königtum von Gottes Gnaden, das war der Klerus. Es war aber egal, was der einzelne Klerus leistete. Der konnte dann machen, was er wollte.

Man findet dieses Denken in Ideen ja heute noch in katholischen Zusammenhängen. Wenn zum Beispiel der Papst sagt, man soll keine Verhütungsmittel benutzen – die Katholiken können damit umgehen. Die sagen: »Ist klar. Ich hab die Idee verstanden. Und damit ist es gut!« Deswegen macht das aber doch keiner! Außer Franz Beckenbauer und Boris Becker.

Ich meine, es ist natürlich auch blöd, dass die Kondomautomaten nicht in der Besenkammer hängen. Die hängen ja immer auf dem Klo. Quatsch, beim Pinkeln nützt so 'n Ding ja nichts. Im Gegenteil. Aber ist eben auch nur 'ne Idee.

Man sieht das heute noch an Veranstaltungen wie der Fronleichnamsprozession, im Rheinland sehr beliebt. Sie wissen, der Rheinländer liebt die farbenfrohen Umzüge und Feste, egal ob es der Rosenmontagszug, der Christopher Street Day oder die Fronleichnamsprozession ist – Hauptsache, d'r Zoch kütt!

Und all diese Umzüge haben dasselbe Prinzip. Immer eine Idee nach der anderen. Alle drei. Auch die Fronleichnamsprozession. Der eine muss das Weihrauchfass schwenken, andere streuen Blütenblätter, andere halten die Monstranz, andere haben eine Fahne …

Und all diese Ideen haben einen Wert an sich. Also völlig unabhängig vom Wert des Ausführenden. Da denkt der Kölner zum Beispiel noch vorlutherisch, quasi antikisch: Dass innerer und äußerer Rang zusammenfallen, davon geht er erst mal nicht aus.

Folgende Begebenheit ist überliefert: Am Rande des Zugweges – auch bei der Prozession spricht der Kölner vom Zugweg – stehen viele ortsfremde Menschen, die das Schauspiel mit angucken. Damals mal zwei ältere Damen aus Bonn. Begeistert meint die eine zu ihrer Freundin: »Ha, lur ens do, wie herrlich! Die jung Mädcher mit der wieße Kleidcher! De Kommelionskinder.«

Da stellt eines der Mädchen kurz und knapp richtig: »Mir sin kinne Kommelionskinder, mir sin doch die Engelscher, du Aaschloch!«

Das Mädchen fühlte die Idee verraten. Ich meine, das macht ja auch einen Unterschied, ob man nun ein Engelchen oder ein Kommelionskind ist. Aber auch hier merken Sie wieder, die Idee Engelchen reicht aus, deswegen muss man sich aber nicht so verhalten.

Derselbe Fall beim ehemaligen Kölner Regierungspräsidenten Franz-Josef Antwerpes. Der hat doch zum Beispiel damals bei dem Skandal um die Müllverbrennungsanlage in Köln gesagt: »Nehmt dafür unbedingt die Firma Steinmüller in Gummersbach, sonst macht's hinterher noch einer billiger.«

Man merkt dieses Unrechtsbewusstsein, das in Köln herrscht, auch an kleineren Vergehen. Man hat ihm ja zum Beispiel vorgeworfen, dass er in der Wohnung, wo er da wohnte in Köln-Lindenthal, zu wenig Miete bezahlt. Da zahlte der für 160 Quadratmeter 1.200 Mark damals. Das ist preiswert in der Gegend! Nun war das ja eine Landeswohnung. Da hat man natürlich Klüngel mit der SPD in Düsseldorf vermutet, und da hat ihn einer angeschwärzt.

Das ist im Grunde genommen derselbe Fall wie mit dem ehemaligen Ministerpräsidenten Kurt Biedenkopf in Sachsen. Der hat ja auch wunderbar gewohnt da in Dresden, kleines Schlösschen, kleiner Hofstaat, King Curd, wenig Miete bezahlt. Es ist bei bestimmten Berufsgruppen immer dasselbe. Ministerpräsidenten, Regierungspräsidenten, Küster und Hausmeister – Scheißjob, aber billige Wohnung.

Nur bei Kurt Biedenkopf in Sachsen, da sind das alles Protestanten. Die wollen das genau wissen. Die rannten dem hinterher bis nach Ikea. Da sah Biedenkopf blöd bei aus, er musste schließlich zurücktreten. Im Rheinland verläuft so etwas im Sande. Warum? Die Opposition hängt immer mit drin. Die hat natürlich auch billige Wohnungen.

Nur einer wusste das nicht, der CDU-Abgeordnete Laurenz Meyer, der dann Antwerpes beschuldigte. Daraufhin ging Antwerpes vor die Kameras des ZDF und sagte zur besten Sendezeit in Magazin

Frontal über die CDU: »Das sind so große Arschlöcher, da können Sie mit dem Lkw durchfahren!«

Auch hier zeigt sich wieder: Die Idee Regierungs-
präsident reicht aus! Deswegen muss man sich aber
nicht so verhalten.

Das Mysterium des Glaubens

Nun fragt man sich in Zeiten der Krise, wie man ein neues Wirtschaftswunder entfachen kann. Wir Deutschen wissen aus Erfahrung, das funktioniert am besten, wenn alles in Schutt und Trümmern und Asche liegt. In Köln versuchte man das im März 2009 mittels U-Bahn-Bau. Im Internet kursierte fortan folgender Postkartenentwurf:

Die Katastrophe zeigte das alte katholische Denken der Verantwortlichen, eine Strafe Gottes für möglich zu halten, wie sie Bischof Wagner in Linz im Hurrikan Katrina für die Stadt New Orleans sah.

Das Stadtarchiv stürzt in die Baugrube, und der erste Kommentar der Kölner Verkehrsbetriebe: »Das hat mit dem U-Bahn-Bau nichts zu tun.«

Der damalige Oberbürgermeister Schramma hat vom U-Bahn-Bau gar nichts gewusst. Auch er benutzte den Vergleich mit einer Naturkatastrophe. Da können die Experten lange forschen: War es ein Hurrikan oder ein Vulkanausbruch?

Fritz Schramma fragte nach der Katastrophe, »ob

Köln 2011

Die U-Bahn ist fertig!

man eine U-Bahn in so dicht bewohnten Städten wie Köln überhaupt einsetzen kann«. Man kann sagen, Schramma war ein prima Oberbürgermeister, aber man sollte ihn nicht in bewohnten Städten einsetzen.

Auch Politiker müssen sich im katholische Rheinland nicht wie Politiker verhalten. Wenn Schramma mal qualifiziert zu Köln befragt wurde, zitierte er nur die Höhner: »Kölle, du bes e Jeföhl!« Der Kölner Übersetzer Frank Deja sagte nach dem Einsturz des Stadtarchivs: »Wir brauchen keine Taliban, solang wir diese Schnäuzer haben.« Die Verantwortung wurde so lange weitergereicht, bis schließlich der Bauherr, die KVB, sich selbst kontrollieren durfte.

Die Politiker haben das Königstum von Gottes Gnaden, müssen sich aber nicht wie Könige verhalten. Das Konstanzer Konzil lebt in Köln fort. Wobei das Motto »Jetzt gehen wir erst mal in de Puff, da haben wir dat schon mal aus'm Kopp!« nicht von den Kölner Fordwerken, sondern von VW übernommen wurde. Das Prinzip also funktioniert durchaus überregional und überkonfessionell.

Herr Antwerpes ist evangelisch. Aber 20 Jahre Amtszeit im katholischen Köln waren nicht umsonst. Und daran merken Sie, im Rheinland sind auch die Protestanten katholisch.

Hier gibt es überhaupt keine richtigen Protestanten. Mit einer einzigen Ausnahme: Joachim Kardinal

Hat vom U-Bahn-Bau nichts gewusst:
Kölner OB Fritz Schramma

Meisner. Dieser Mann ist nicht katholisch, nicht im rheinischen Sinne.

Ich spielte mein Kabarett Programm einst in der Thomas-Morus-Akademie in Bensberg, einer Weiterbildungseinrichtung der Erzdiözese Köln. »Lernende Organisation Kirche« nannte sich das Seminar für Mitarbeiter, Erzieher, Sozialarbeiter, Pfarrer, Nonnen und Verwaltungsleute. Abends wollten sie dann zur Erbauung ein wenig Humor haben und luden mich ein. In der ersten Reihe vergnügte sich eine Nonne. Als ich sagte: »Es gibt nur einen Protestanten in Köln, der heißt Meisner!«, lachte sie so asthmatisch verdruckst in sich hinein. Die kam überhaupt nicht mehr hoch. Ich sagte: »Ja, nun lachen Sie doch ruhig laut. Sie können es doch hinterher beichten!«

Da sagte sie zu mir: »Dat don ich och!«

Aber genau wie diese Nonne, genau wie das Mädchen mit dem »Engelscher, du Aaschloch« und genau wie der Antwerpes, so lebten eigentlich alle Menschen, bevor der Luther kam: in einer Welt voller Ideen, einem Universum der Vorstellungen. Man kann sagen, vor Luther lebte man ausschließlich im Mysterium des Glaubens.

Was ist das, das Mysterium des Glaubens? Das können Sie sich vielleicht ein bisschen vorstellen, wenn Sie abends spät nach Hause kommen. Sie schließen die Wohnungstür auf, Sie haben das Licht noch nicht angemacht, da klingelt schon das Telefon. In die Dunkelheit des Raumes. Das ist ein Mysterium. Wenn man nicht weiß, wer ruft so spät noch an? Das ist das Mystische, das den Raum durchdringt. Myst isch eigentlich mal rangehen.

Oder noch besser, der Anrufbeantworter. Komme ich nach Hause, was sehe ich? 25 Anrufe auf der Maschine. Wer hat da wieder alles angerufen? Das ist ein Mysterium. Myst isch eigentlich abhören. Wenn ich es aber abhöre, ist das garantiert mit Arbeit verbunden. Der eine will die Bohrmaschine zurückhaben. Seit fünf Jahren. Anderen müssen Sie beim Umzug helfen. Ich hatte früher mal 'nen VW-Bus. Das war furchtbar! Da mussten Sie sich entschuldigen, wenn Sie den selber brauchten. Heute liebäugele ich mit einem Smart. Ich verstehe überhaupt nicht, warum die das nicht als Werbung machen: »Smart – nie mehr beim Umzug helfen!«

Der eine will dies, der andere will das. Anrufbeantworter, immer Arbeit, immer schlecht. Wenn ich das Band aber jetzt, ohne es abzuhören, einfach wieder lösche – technisch geht das, auch bei Ihnen, müssen Sie mal machen, ist ein tolles Gefühl, mache ich fast immer –, dann bleibt das Mysterium erhalten, aber vor allem: die Arbeit erspart.

Und jetzt sind wir am entscheidenden Punkt. In diesem Mysterium lebt auch unser Hausmeister, der Herr Eichler. Sie erinnern sich? Der Hausmeister sieht: Lampe kapott. Aha! Myst isch eigentlich mal nach gucken. Und das ist das Mystische, das den Mann durchdringt.

Wobei, bei Herrn Eichler war es ja noch anders. Er hat gesagt: »Müsste mal einer nach gucken.« Das ist für Fortgeschrittene. Dieser eine ist ja auch nur 'ne Idee. Ich meine, wer soll das sein, wenn nicht er? Aber der hat die Idee, da wär' noch einer. Zwei Hausmeister! Der hat den anderen noch nie gesehen. Aber das ist doch toll. Wenn Sie in dieser Ideenwelt leben – das Risiko, dass das für Sie persönlich irgendwann mal in Arbeit ausarten könnte, tendiert doch schon im Ansatz gegen null.

Sie merken, Herr Eichler muss katholisch sein. Als Protestant hätte er sofort die Lampe reparieren müssen. Aber so konnte er immer sagen: »Die Idee Lampe reicht aus. Es reicht im Grunde genommen, dass sie da hängt. Deswegen muss sie noch lange nicht funktionieren.«

Und in diesem Mysterium des Herrn Eichler lebten alle Menschen, bevor der Luther kam und seine berühmten 95 Thesen in Wittenberg an die Tür geklebt hat. Deswegen heißt das übrigens heute Tesa-Film.

Nein, das war jetzt Quatsch. Ich sage immer, Kabarett schön und gut, aber man muss auch mal 'nen Witz machen. Aber der Rest stimmt.

95 Tresen

Luther war mit seinen 95 Thesen flächendeckend erfolgreich. Ostdeutschland fast komplett protestantisch. England komplett protestantisch, wenn auch anglikanisch. Amerika fast komplett protestantisch. Wieso gibt es aber jetzt Gegenden, wo der Luther sich kaum oder gar nicht durchsetzen konnte, wie zum Beispiel hier im Rheinland?

Nehmen wir mal zum Beispiel Köln. Köln ist damals 100 Prozent katholisch geblieben. Wie kommt das? Schon in unmittelbarer Nachbarschaft liegt das verregnete Bergische Land, es ist protestantisch imprägniert, wieso nicht auch Köln? Nun, zum einen der Rhein. Viele Protestanten konnten nicht schwimmen. Da waren die schon mal fott! Einige konnten's aber doch.

Und dann tat ein weiteres Phänomen Wirkung: Der Rheinländer an sich hört einfach nicht zu. Der redet lieber selber. Ich sage immer, im Rheinland hat das Sprechen einen Wert an sich. Völlig unabhängig vom Inhalt. Hauptsache, man hat mal gesprochen.

Jetzt kamen auch einige Protestanten nach Köln und wollten den ganzen Laden umkrempeln. Doch die Rheinländer hörten mit einem Ohr wieder nur halb zu. Sie schnappten etwas auf. Aber dann falsch: »Wat?! 95 Tresen?! Haben wir hier auch! Komm her, zeig ich dir.«

Da haben die die armen Kerle von Tresen zu Tresen geschleift. Natürlich nicht, ohne jedes Mal die Bierqualität zu überprüfen. So endete dann die Reformation Martin Luthers hier im Rheinland mit den 95 Tresen unten am Handlauf … im Delirium tremens. Mit andern Worten: Man war voll wie ein russischer Elternabend.

Ab da war mit Luther alles in Butter.

Das rheinische Gespräch

Unter Napoleon kamen Franzosen über den Rhein. Die Kölner kämpften nicht gegen den Feind. Sie überreichten einfach den Schlüssel vom Rathaus und sagten: »Na gut, dann macht ihr dat jetz.« Die Idee Regierung reicht aus, egal, wer es jetzt ist. Die Franzosen waren auch schnell wieder weg. Warum, geht aus einem Satz hervor, den ein französischer General wortwörtlich niederschrieb: »Du kannst sie nicht regieren, sie hören nicht zu.«

Derselbe Fall bei meinen Schwiegereltern. Seit Generationen Köln-Bayenthal. Wenn wir da zum Beispiel an einem Samstagnachmittag zu sechst an einem Tisch sitzen – wenn es mehr sind, können Sie es ja hochrechnen –, bei sechs Rheinländern an einem Tisch reden immer schon mal mindestens zwei gleichzeitig. Immer. Wenn Sie selber auch mal was sagen wollen, dürfen Sie niemals warten, bis einer oder gar beide aufhören zu sprechen. Da können Sie lange warten.

Nein, das rheinische Gespräch hat das Funktions-

prinzip einer Autobahn. Zwei Spuren pro Gesprächs-
richtung. Wenn Sie selber auch was sagen wollen,
müssen Sie einfach als Dritter auf dem Beschleuni-
gungsstreifen zügig losquatschen, bis Sie dieselbe
Sprechgeschwindigkeit wie die anderen beiden Spuren erreicht haben, und fädeln sich dann in das lau-
fende Gespräch ein mit den Worten: »Ja, sag ich
doch!«

Und schon sind Sie drin! Sie dürfen dann aber nicht
erwarten, dass Ihnen einer zuhört.

Vom Mystischen zum Muss!

Genau das, was den Rheinländern durch das Nicht-
zuhören erspart blieb, ist das, was die Historiker den
»Übergang vom Universalismus zum Nominalismus«
nennen. Universalismus heißt, die Idee bestimmt das
gesamte Universum, wird aber nicht unbedingt an der
Realität überprüft. Während Nominalismus meint:
Namen sind Schall und Rauch, was hinter den Be-
griffen steht, die Realität, zählt. Stark vereinfacht aus-
gedrückt.

Man kann sich das ein bisschen vorstellen, wenn
man im Fernsehen eine Zahnpastareklame sieht, und
der Mann im weißen Kittel erklärt Ihnen die Vorteile
von Antibelag. Wenn Sie diesen Mann im weißen Kittel für einen Mediziner oder Arzt halten, dann leben
Sie vor Luther im Universalismus. Das ist die Idee,
und dann ist das auch einer. Wenn Sie den Mann aber
für einen Schauspieler halten, der einen weißen Kittel
anhat, dann leben Sie nach Luther im Nominalismus.

Viele kauften Zertifikate der Lehman Brothers, sie

vertrauten ihrem Bankberater, hielten ihn für einen Börsenfachmann. Wie sich später herausstellte, war das Universalismus.

Jedenfalls schützte damals, das muss man jetzt ehrlicherweise zugeben, der Protestantismus vor Parodontose und Zahnfleischbluten. Die Leute begannen allmählich, den in Unzucht schwelgenden Klerus wie Bakterien zu verachten. Die Leute rannten scharenweise rüber zu den sauberen Protestanten. Die katholische Kirche blutete aus. Warum? Weil eben damals in Konstanz die rheinische Integrationskraft gefehlt hat. Hatten zuvor Papst Innozenz und Papst Nonsens Franz von Assisi noch integriert und gedacht: »Der hat sie zwar nicht mehr alle, aber bisschen Recht hat er ja doch.« – Besser bekommt er einen eingetragenen Verein, einen Orden, dann kann er Spendenquittungen ausstellen, ist zufrieden, macht keinen Ärger und keine eigene Firma auf.

Das wissen Sie ja auch: Wer spendet, kriegt einen Orden. Aber wer Spenden kriegen will, der gründet einen Orden. Das hat man im Karneval abgeguckt. Diese Integrationskraft, die hat in Konstanz gefehlt. Da hat man die Ketzer auf dem Scheiterhaufen verbrannt. Und deswegen konnte der Luther später sein Konkurrenzunternehmen aufmachen, das uns aber heute so sehr zu schaffen macht. Denn was der Luther damals verkündet hat, das bekommen wir erst heute durch die Globalisierung so richtig zu spüren.

Martin Luther hat gesagt: »Nicht mehr der Klerus ist das Fachpersonal für Glauben, nein, ihr müsst selber gute Menschen sein.« Und damit ging der Stress los.

Vor Luther war es im Grunde genommen für die Leute einfacher. Man ließ die Menschen mit der Religion weitgehend in Ruhe. Die mussten zwar morgens und abends beten und sonntags in die Kirche, aber sie konnten Ablass bekommen. Da zahlten sie hundert Mark ein, und dann machte der Klerus das für sie mit Gott klar. Das war wie eine Rechtsschutzversicherung. Advocard ist Anwalts Liebling.

Die Gottesdienste waren ja alle auf Lateinisch. Das verstand doch der normale Mensch sowieso nicht. Religion war was für Fachleute. Wenn man den Fachmann bezahlt hatte, dann konnte man machen, was man wollte. Jetzt kommt der Luther, übersetzt das alles und sagt: »Weg mit dem Fachmann, ihr müsst das alles selber machen.« Jeder konnte sein eigener Priester sein, somit war auch der Zölibat überflüssig. Allerdings wurde dadurch auf einmal wichtig, was man tagsüber so machte. Das war ja vorher nicht der Fall.

Und so passierte durch Luther etwas zutiefst Verhängnisvolles: die Heiligsprechung der Arbeit. Auwei! Allein die Idee, dass Gott einen jetzt den ganzen Tag beobachtet. Vorher war der ja abgelenkt, da war der Klerus mit dem am Klüngeln. Jetzt hatten die Leute die Vorstellung, der liebe Gott hätte nix mehr zu tun. Der liegt den ganzen Tag im Fenster und hat Langeweile. Der hat so ein Kissen und ist nur am gucken, was wir am machen sind. Und dass der angeblich Spaß hat, dass wir schuften müssen, das ist doch höchst pervers. Es war aber so!

Vor Luther lebte man ausschließlich nach dem katholischen Motto »Ora et labora«, was so viel heißt wie: Küttste hück nit, küttste morjen – Kommste heut nicht, kommste morgen! Denn: Was lange ruht, wird endlich gut.

Wir können uns das heute überhaupt nicht mehr vorstellen. Vor Luther war Fleiß keine Tugend. Arbeit auch nicht. Man arbeitete so viel, wie es zum Leben nötig war. Aber den Rest, den ließ man liegen. Müsst ich eigentlich machen. Durch Luther wurde das Mystische ersetzt durch das Muss. Kapitalis*mus*. Da hört man's schon.

Der Protestant Calvin verkündete kurze Zeit später in Genf: »Nutze die Stunde!« Voranmachen. Deswegen ist heute die Schweiz das Zentrum der Uhrenindustrie. Das herrliche »Ora et labora« wurde ersetzt durch das »In medias Rolex«. Das heißt, man sollte die kurze Zeit, die man auf Erden zur Verfügung hat, nutzen, um möglichst viel zu schaffen, möglichst viel anzuhäufen zu Gottes Wohlgefallen. Denn: Wer auf der Erde viel Geld verdient, der kriegt auch im Himmel 'nen besseren Platz. Und das war die ideale Religion für Unternehmer.

Johannes Calvin versöhnte Leviten und Lewonzen, Kirche und Kröten.

Luther versöhnte die Religion mit dem Staat, indem er sie von ihr trennte: »Gott, was Gottes ist, dem Kaiser, was des Kaisers ist!« Calvin versöhnte die Religion mit dem Geld.

Calvin glaubte an die Prädestination, daran, dass das Schicksal von Gott vorherbestimmt sei. Nun könnte man getrost die Beine hochlegen und sagen, dann brauch ich mich ja nicht anzustrengen. Aber der gegenteilige Effekt trat ein. Da vorherbestimmt war, wen Gott begünstigte, wollte jeder die Zeichen an sich erkennen, und so strengte man sich an. Man merkt das heute noch. Die frühe Unternehmensgründungs- und Industriegeschichte – fast alles Protestanten. Die Katholiken, die hätten den Kapitalismus nie erfunden. Da waren die viel zu faul zu.

Aber bei den Protestanten hieß es durch Calvin: Hohe Gewinne sind ein Zeichen göttlicher Erwähltheit. Und auch der Arbeiter erfährt den lieben Gott durch den Kapitalisten. Das heißt, weil der Kapitalist von Gott geliebt wird, was man an seinem Gewinn ja sieht, hat auch der Arbeiter bereits Gottes Lohn in der Lohntüte. Und weil da schon so viel Gotteslohn drin ist, braucht der Kapitalist nicht mehr so viel Reallohn reinzutun. Das bedeutet, er macht noch höhere Gewinne, wird von Gott noch mehr geliebt. Tolle Sache!

Nur einen Haken hatte das Ganze. Diese protestantische Ethik war eine Philosophie des Geizes. Da

steht wortwörtlich: Es geht um das Anhäufen größt-
möglicher Gewinne unter strengster Vermeidung un-
befangenen Genießens. Da haben wir es wieder: E
Bies, wat sich nix jönnt. Man merkt das noch heute.
In protestantischen Ländern schmeckt das Essen beschissen. Amerika: Fast Food, also beinah Essen!
England: Bed and Breakfast. Bäh! Da essen Sie besser
das Bett.

Auch der Holländer wird für seinen Protestantismus bestraft: mit lebenslänglich Friteuse und Sauce
hollandaise, einer widerlichen Pampe. Der Holländer hat die Tischrede erfunden, damit man das Essen
vergisst.

Aber schon ein paar Kilometer weiter südlich, Sie
brauchen nur über die Grenze zu fahren nach Lüttich
oder Brüssel, da können Sie fantastisch essen. Wie
kommt das? Das sind katholische Städte. Frankreich!
Ein katholisches Land, eine fantastische Küche.
Allein die Weine! Italien! Die haben überhaupt keine
Protestanten. Da schmeckt es auch!

Und ausgerechnet daher – das ist jetzt das Tra-
gische an der Geschichte – kommt der Francesco, der
Franz von Assisi, dat »Bies«, dat sich nichts jönnt.
Man kann sagen, der Protestantismus ist sein später
Sieg. Jetzt steht er nicht mehr im Wald und spricht
mit den Tieren, nun steht er im Tresor und redet mit
den Mäusen.

Und dieses Anhäufen von Gewinn als bloßer

Selbstzweck, die Kapitalakkumulation, wie die Kommunisten das nannten, das war die Grundlage der Industrialisierung. Sonst hätte es ja keiner bezahlen können. War noch vorher unter katholischer Herrschaft das Anhäufen von Gewinnen nur durch Gewissenlosigkeit möglich, so war es jetzt bei den Protestanten endlich von Gott gewollt. So konnte der Kapitalismus sich in voller Blüte entfalten. Man kann eigentlich sagen, der Kapitalismus ist nichts anderes als eine Religion. Eine säkularisierte Religion, der aber heute fast 70 Prozent der Weltbevölkerung im tiefen Glauben anhängen. Diese Religion reduziert den gesamten Erdball auf eine einzige, einsame Frage: Was ist der Geldwert? Die Finanzkrise hat uns gezeigt, es ist im Grunde eine der primitivsten Kulturen, die wir je hatten.

Ich hab mal versucht, in der Weltliteratur irgendwo ein Stück zu finden, wo das noch mal zusammengefasst ist. Und ich bin da – was für ein Zufall – auf einen katholischen Kölner gestoßen, auf Heinrich Böll.

Anekdote zur Senkung der Arbeitsmoral

Sie kennen vielleicht Heinrichs Bölls kleine Geschichte um den ärmlich gekleideten Fischer, der im Hafen dösend in seinem Boot liegt. Jetzt kommt ein Tourist, fotografiert das malerische Bild am Meer. Vom Klicken des Fotoapparates wird der Fischer wach. Jetzt wird der Unterschied deutlich, der Fischer verhält sich katholisch, der Tourist evangelisch. Die Entstehung des Kapitalismus in einer Minute dreißig – so kurz kriegen Sie's nie wieder.

»Na?«, sagt der Tourist. »Sie werden aber heute einen guten Fang machen. Das Wetter ist günstig, hab ich mir sagen lassen.«

»Nä«, sagt der Fischer, »ich brauch nicht mehr raus. Ich hab schon genug gefangen. Für morgen sogar mit.«

»Ja wie?«, sagt der Tourist. »Ja, wenn ich mal blöd fragen darf, warum fahren Sie dann nicht noch mal raus? Ich meine, unter uns, wenn Sie jeden Tag mehrmals ausfahren, würden Sie auch mehr fangen. Da könnten Sie sich doch vielleicht mal einen Motor leisten. Vielleicht in zwei Jahren schon ein zweites Boot und in drei Jahren einen Kutter. Da würden Sie ja noch mehr fangen. Dann können Sie doch vielleicht mal ein kleines Kühlhaus bauen, eine Marinadenfabrik, später 'ne Räucherei. Sie könnten mit Ihrem eigenen Hubschrauber rundfliegen und die Fischschwärme ausfindig machen und Ihren Kuttern per Funk Anweisung geben. Sie könnten die Lachsrechte erwerben, nach Paris exportieren, und dann bräuchten Sie irgendwann überhaupt nicht mehr zu arbeiten, Sie könnten den ganzen Tag hier im Hafen sitzen und auf das schöne blaue Meer gucken.«

»Ja«, sagt der Fischer, »das kann ich ja jetzt auch, du Jeck!«

Marx & Engels an der Theke

Jetzt stellt sich natürlich die Frage nach der Alternative. Und die hing auch mit Luther und dem Rheinland zusammen, denn in Köln lebte mal ein junger Protestant aus Wuppertal-Barmen, nennen wir ihn Fritz. Der war zutiefst betrübt, dass die Arbeiterinnen und Arbeiter in der elterlichen Textilfabrik Engels so ausgebeutet, so fertiggemacht wurden, dass seine gesamte Unternehmersohnsjugend, wohlhabend, alles von diesem Arbeiterblut gesponsert wurde. Er fühlte eine tiefe Schuld und wollte beichten. Aber er war Protestant. Das ging nicht wie bei den Katholen: einmal beichten und zack ist die Sünde gelöscht. Wie am Computer die Tasten Alt Entf. Die Beichte hatten die Evangelen abgeschafft.

So steht der Fritz in Köln im Brauhaus an der Theke, zehn Kölsch hat er schon getrunken, da öffnen sich plötzlich die Türen des Brauhauses, der Filzvorhang weht zur Seite, und ein langhaariger Bärtiger steht im Rahmen. Karl aus Trier. Wie sich später herausstellen sollte, ein Guildo Horn der politischen

Ökonomie. Es kommt, wie es kommen muss. Fritz und Karl lernen sich an der Theke kennen, sie kommen miteinander ins Gespräch, da meint Karl: »Du brauchst das nicht zu beichten. Ich bin Jude und Protestant. Ich kenne mich aus.«

Nun muss man sehen, der Marx, der kam ja aus einer jüdischen Familie und war auch noch evangelisch getauft. Der hatte zwei Religionen auf einmal. Das war 'ne Überdosis, deswegen sagte der immer: »Opium fürs Volk«. Also für ihn stimmte das.

Richtig heißt der Satz: »Die Religionen sind die Blumen an den Ketten der entrechteten Kreaturen und zugleich Protestation gegen die Unterdrückung, Opium des Volkes.« Das klingt schon anders, und so riet er Fritz: »Es gibt nur einen Weg, Fritz, wie du dein Seelenheil zurückerlangen kannst, du musst das wieder gutmachen.«

Sagt der: »Wie soll ich das denn wieder gutmachen?«

»Ja, ich hab da 'ne Idee«, meinte Marx. »Ich hab hier eben auf dem Kölner Alter Markt die Roten Funken gesehen, ein herrliches Bild, wie die da langmarschiert sind mit ihren roten Fahnen, ihren Kostümen. Die Arbeiter müssen raus aus den Fabriken, damit man das auch mal sieht. Das muss doch am Aschermittwoch nicht vorbei sein, das kann man doch auch noch am 1. Mai machen. Und dann muss da Musik ran. Mal ein Tusch.«

Tätä! Tätä! Tätä! So fängt die Internationale an, achten Sie mal drauf.

Die Internationale ist aus einem Tusch entstanden. Das war früher schon so. Diese Karnevalssitzungen waren so furchtbar langweilig, die Leute schliefen ein, und dann spielte die Kapelle immer dieses »Wacht auf! Wacht auf!« Tätä! Tätä! Da hat man dann die Internationale draus gemacht. Und so wie Karneval hat der Russe den Kommunismus ja auch immer verstanden. Alles säuft und keiner arbeitet.

Jetzt hat Karl den Friedrich Engels gefragt: »Fritz, denk doch mal nach. Wer auf der Welt hat alles, was die Arbeiterklasse nicht hat? Geregelte Arbeitszeiten, 13. Monatsgehalt, Kündigungsschutz, Pension, Altersversorgung, Krankenversicherung. Wer hat das alles, muss aber trotzdem kaum arbeiten?«

»Der Beamte.«

»Genau. Und so machen wir es auch. Arbeiter und Bauern, alle in den öffentlichen Staatsdienst. Wir machen ein Land wie bei der Gemeindeverwaltung, wie bei der Kommune. So muss man's machen. Und so nennen wir's auch. Kommunismus.«

Jetzt ist es ja so, was in Köln an der Theke abends gesprochen wird, ist am nächsten Tag vergessen. Katholisch halt, die Idee reicht aus. Jetzt waren das aber beides Protestanten. Nix mystisch, jetzt mussten die. Auch im Sozialismus steckt das Wort »muss«. Nun begannen die mit der Vorbereitung der Umsetzung, und die hat bis 1989 auch bei uns existiert. Die DDR war ein Land, komplett organisiert als Behörde. Arbeiter und Bauern – alle im öffentlichen Staatsdienst. Wenn Sie ein einziges Mal in Ihrem Leben mit der Stadt Köln zusammengearbeitet haben, kapieren Sie sofort, warum das mit der DDR nicht funktionieren konnte.

Wer verdient, was er verdient?

Wer verdient in diesem Land eigentlich, was er verdient? Man sollte meinen, das richtet sich danach, ob man was richtig Wichtiges oder doch nur so pillepalle arbeitet. Da verdient man natürlich weniger.

Aber in Wirklichkeit ist es genau umgekehrt. Je unwichtiger die Arbeit ist, desto mehr Geld wird kassiert, und für die wirklich wichtigen Dinge, da gibt es Hungerlöhne. Kindergärtnerinnen verdienen ca. 1.300 netto. Die arbeiten mit dem Wichtigsten, was wir haben: unsere Kinder, unsere Zukunft, unsere Renten, unsere zukünftigen Facharbeiter ... unsere Bundeskanzlerinnen, Olympiasiegerinnen, Weltmeister, Müllmänner, Piloten. Unsere Rotzlöffel!

Unsere Kinder sind ja auch manchmal ganz schöne Arschlöcher. Die schreien im Verein so laut wie ein Düsenjet. In Kindergärten werden bis zu 120 Dezibel gemessen. So laut grölt man in keinem Fußballstadion!

Vergleichen wir die Vergütung mal mit anderen Erziehern. Felix Magath zum Beispiel, der ist Fußballerzieher, der würde für 1.300 Euro nicht mal einen Ball aufpumpen. Dabei ist die Gruppe von Felix Magath viel kleiner. Schalke 04 – nur vier in einer Gruppe. Gut, die sind schwer erziehbar.

Aber warum verdient ein Fußballtrainer 10.000 Mal so viel wie eine Erzieherin? Das hat historische Ursachen. Männern ist nämlich seinerzeit aufgefallen, dass man für dieses an sich sinnlose Herumgekicke Eintritt nehmen kann. Und prompt entwickelte sich das zu einem Beruf, der hochanständig bezahlt wird.

Die ganze Malaise in der Kinderbetreuung hat einen einzigen historischen Grund: Die Frauen haben es von Anfang an versäumt, für die Erziehung ihrer Kinder Rechnungen zu schreiben.

Der wahre Wert

In Dresden lernte ich einen diplomierten Mathematiker kennen, der vor der Wende für die Kalkulationen der örtlichen Wirtschaft zuständig war. Schillernd konnte er erzählen, wie schwer es war, in der Planwirtschaft seriöse Berechnungen anzustellen. Das Hauptproblem lag für ihn darin, dass im Grunde alle Preise, auch der jeder kleinen Schraube, frei erfunden waren. Da man nie wusste, was etwas tatsächlich wert war, hatte man stets eine Gleichung, die ausschließlich aus X bestand. Eine Wohnung kostete 50 Euro, eine Armbanduhr 500 Euro – wahrscheinlich hätte es umgekehrt sein müssen.

Eine Erfahrung, die dazu passt, machte ich, als ich zum ersten Mal im Leben ein Haus kaufen wollte. Ich war mir unsicher, ob der geforderte Kaufpreis für ein 80 Jahre altes Dreifamilienhaus gerechtfertigt war. Also bestellte ich einen Gutachter, den Herrn Schmitz von der Stadtsparkasse; für die Finanzierung braucht man die ja wahrscheinlich sowieso, dachte ich. Der kölsche Fachmann mit Schnäuzer,

Mitte fünfzig, ließ sich alle Räume zeigen, machte fleißig Notizen, haute auf den Putz, klopfte aufs Dach, kletterte in die Heizungskammern, knipste alle Keller und benutzte alle Klos. Dann ging er wieder und kam zwei Wochen später mit einer mehr oder weniger ordentlich sortierten Blattsammlung zu mir.

Er bezifferte den Grundstückspreis, den Renovierungsstau, die dadurch anfallenden Kosten, setzte sie in Relation zur Lage und der Marktsituation auch unter Berücksichtigung der dazugehörigen Doppelgarage und kam nach einer komplizierten Berechnung auf einen Preis von 840.000 Mark.

»Herr Becker, wat soll dat Hus dann koste?«, fragte er dann interessiert.

»930.000 Mark«, sagte ich.

»Wollen Se dat Hus denn han? Jefällt et Ihnen?«

»Eigentlich sehr.«

»Jo, dann kaufen Se dat doch!«

»Aber das ist doch zu teuer.« Ich fühlte mich durch die Kalkulation bestätigt und wollte bereits Abstand nehmen.

»Quatsch«, sagte der Herr Schmitz, »ich kann hier su vill rechne, wie ich will.« Er wischte mit einer abfälligen Geste über sein aufwändiges Gutachten und lehnte sich mit ausgebreiteten Armen entspannt zurück. »Herr Becker, e Hus is su vill wert, wie 'ne Jeck dofür jitt!«

Ein Haus ist so viel Wert, wie ein Verrückter dafür gibt. Der Verrückte kaufte das Haus und hat es nicht bereut.

Sie kitzel ich tot!

Da wollen wir doch mal gucken, ob wir am Schluss diese beiden Stränge, die im Konstanzer Konzil auseinandergelaufen sind, wieder zusammenfügen können, und dazu gehen wir doch einmal in die Pubertät unserer rheinischen Republik – in die fünfziger Jahre.

Mancher erinnert sich da vielleicht an seinen ersten Religionsunterricht, der begann früher oft mit der Frage nach dem ersten Menschen: »Kinder, wer war der erste Mensch? Komm, das wisst ihr doch. Fängt mit A an.«

Da kam es wie aus der Pistole geschossen: »Adenauer!«

Diese zentrale Figur aus dem vorletzten Jahrhundert, 1876 geboren, bereits 1917 Kölner Oberbürgermeister und dann Bundeskanzler von 1949 bis 1963, mit 87 Jahren war der noch Kanzler – da darf man bei Angela Merkel gar nicht dran denken –, der muss den Kindern einfach wie der erste Mensch vorgekommen sein. Und dass der so prähistorisch aussah ... Der sah

ja aus wie so 'n Schädel aus dem Gefrierfach der Eiszeit. Ich sag immer: Adenauer sah aus wie der Ötzi. Aus der Gletscherspalte von Bad Breisig.

Das lag aber nicht an der Frühgeschichte der Menschheit, sondern an der Frühgeschichte der Motorisierung. Adenauer ist nämlich bei einem Frontalaufprall auf der Aachener Straße in Köln bereits 1917 durch die Trennscheibe geflogen. Da hatte der Nasen- und Jochbein gebrochen, die gesamte Lippe zerschnitten. Er war dadurch ein halbes Jahr krank. Das war schlimm. Aber er ist so zu einem Gesicht gekommen, das man sich merken konnte.

Dass die Politiker heute in Berlin alle gleich aussehen, das liegt am Airbag.

Aber Adenauer war für die Deutschen im Crashkurs »Demokratie für Anfänger« so was wie die personifizierte Knautschzone. Vielleicht hätten der Kurt Schumacher und die SPD manches anders gemacht, wer weiß das schon? Aber die SPD hatte es ja mit einem neuen Gegner zu tun. Vor dem Krieg gab es doch die CDU nicht, nur das katholische Zentrum. Und die wollten jetzt quasi die Protestanten mit ins Boot nehmen. Nur so konnte der neue Haufen überhaupt mehrheitsfähig werden. Auf die Journalistenfrage, ob die CDU eine katholische Partei sei, antwortete Adenauer damals: »Nein, nein, se fußt auf dem, was Katholiken und Protestanten gemeinsam haben. Der Luther war ene jute Mann. Wenn ich damals Papst jewesen wär, da hätt' ich mir der mal kommen lassen. Dann wär das alles nicht passiert.«

Hätt' ich mir der mal kommen lassen! – Man merkt schon, was für 'ne Kanaille das war. Und genauso lief das auch bei der programmatischen Gründung der CDU, beim sogenannten Ahlener Programm. Da waren zum Beispiel damals die Vertreter des christlichen Sozialismus, die katholische Arbeiterbewegung, die »Herz-Jesu-Sozialisten« nannte man die. Das waren quasi die Vorläufer von Norbert Blüm. Aber die wollten damals noch den Kapitalismus abschaffen, hatten einen Großteil der Gründungsmitglieder hinter sich. Das kann man sich heute überhaupt nicht mehr vorstellen – Sozialismus in der CDU.

Nun, dem Adenauer passte das nicht. Und so hat er direkt verhindert, dass sich da eine programmatische Gruppe mit den christlichen Sozialisten bildete. Er war schneller. Er gründete den Programmausschuss der rheinischen CDU. Der hat alles sofort hier ins Rheinland gelenkt. Und in diesem Ausschuss saßen selbstverständlich auch die »Herz-Jesu-Sozialisten«, die katholische Arbeiterbewegung. Aber zum Vorsitzenden dieses Ausschusses machte Katholik Adenauer – jetzt kommt's! – einen Protestanten, seinen Kölner Freund Robert Pferdmenges, Erfinder der gleichnamigen Pferdmengesstraße in Köln-Marienburg, da hat er gewohnt, die ist nach ihm benannt.

Und dieser Freund Pferdmenges Robert war angesehener Kölner Privatbankier, Oppenheim-Bank, und übrigens ganz nebenbei Neffe von Friedrich Engels. So klein ist die Welt! Der Engels aus Wuppertal, Pferdmenges aus Köln. Diese Blutsverwandtschaft mit Marx und Engels hatte aber politisch überhaupt keine Auswirkungen. Im Gegenteil. Pferdmenges war Kapitalist reinsten Wassers. Der saß in 38 Aufsichtsräten, und der war jetzt quasi Ausschussvorsitzender der christlichen Sozialisten.

Jetzt können Sie sich vorstellen, wie sich diesem reichen Bänker aus Marienburg die Nackenhaare gesträubt haben müssen, als da dauernd Ausdrücke gefallen sind wie »Verstaatlichung«, »Enteignung«, »Vergesellschaftung«. Aber er hat es mit rheinischer Gelassenheit genommen und nur versucht, dem Ganzen so 'n bisschen wenigstens die Spitze zu nehmen.

Im ersten Parteiprogramm der CDU hört sich das immer noch so an – O-Ton Ahlener Programm: »Der Kapitalismus ist den Bedürfnissen der Deutschen nicht gerecht geworden. Gefordert wird ein gemeinwirtschaftliches Prinzip, Entflechtung der Konzerne, Begrenzung des Privateigentums und Mitbestimmung der Arbeiter durch planerische Selbstverwaltung.«

Das würde heute nicht mal Sahra Wagenknecht unterschreiben.

Aber Adenauer hat damals zum Pferdmenges gesagt: »Robert, dat haste jut jemacht. Hauptsache, dat Wort Sozialismus is eraus! Und den Rest machen wir sowieso nicht.« Originalton Adenauer!

Sie wissen doch, Politikern darf man nicht alles glauben. Auch Politiker haben die Wahrheit nicht für sich gepachtet. Aber im Grunde genommen war dieser Adenauer-Pferdmenges-Klüngel die Wiedergutmachung des Konstanzer Konzils. Denn hier konnte auf der Grundlage protestantischer Wirtschaftskraft einerseits und katholischer Sündhaftigkeit andererseits, also Profit-Center plus Ill-Party, mit Adenauers Wirtschaftsminister Ludwig Erhard der frühe rheinische Kapitalismus erblühen, in dem doch zumindest noch Grundlagen eines katholischen Kommunismus mit protestantischem Kapitalismus vereint sind.

So ist der heutige Terror der Ökonomie ein Attentat auf die Ökumene.

Natürlich war Adenauer auch Antikommunist, aber damals gab es ja auch noch richtige Kommunisten. Die saßen ja sogar im Parlament. Als in den ersten Deutschen Bundestag die KPD wieder einzog mit ihrem stellvertretenden Fraktionsvorsitzenden Heinz Renner, übrigens auch der erste Nachkriegsbürgermeister der Stadt Essen, da waren Adenauer und Renner freundlich zueinander. Die kannten sich aus der Weimarer Zeit. Da war man ja nicht so verfeindet. Der Renner hat auch ein paar Mal in Rhöndorf bei ihm übernachtet, als er von den Nazis verfolgt wurde.

Überhaupt kam der Adenauer mit den Kommunisten immer besser zurecht als mit den Sozialdemokraten. Der hat ja zum Beispiel in Köln mit den Kommunisten zusammen die Mülheimer Brücke gebaut. Im Eingemeindungsvertrag war für den neuen Stadtteil Mülheim eine Bogenbrücke vereinbart, die sollte zehn Millionen Goldmark kosten. Aber der Adenauer wollte 'ne Hängebrücke für 15 Millionen Goldmark. Warum? Da waren die ganzen Stahlseile dran, die bei Felten & Guilleaume hergestellt wurden in Mülheim. Da saß sein Freund Zapf im Vorstand.

Da sagte Adenauer: »Zapf, du kriegst den Auftrag, ich mach dat schon!«

Da seine eigene Partei aber gesagt hat: »Machen wir nicht mit, das ist zu teuer«, ging der Adenauer zu den Kommunisten: »Liebe Genossinnen und Genossen! Ihr müsst mit mir für die Hängebrücke stimmen.«

»Warum dat dann?«

»In Sowjetrussland, im revolutionären Leningrad, steht genau so 'ne Brücke, die müssen wir in Köln auch haben.«

Das können Sie im Stadtratsprotokoll von damals nachlesen. Da hat Adenauer mit den Kommunisten gegen die eigene Partei diese Brücke durchgesetzt, wie sie ja heute da steht.

Aber im Kalten Krieg ging das nicht mehr. Da sagte Kanzler Adenauer plötzlich: »Jetzt hören Se auf, Herr Renner, Sie sind immer so freundlich zu mir, aber ich weiß doch jenau, wenn Sie an die Macht kommen, dann hängen Se mich doch sowieso auf.«

Da sagte der Renner: »Nein, Herr Adenauer, Sie kitzel ich tot!«

Und so war auch die Wiedervereinigung für Adenauer verzichtbar. Er mochte die Preußen sowieso nicht. Sollten doch ruhig die protestantischen Preußen da drüben bei den Russen den Schuldschein der Geschichte für die Deutschen bezahlen. Da brauchten wir es im Westen wenigstens nicht zu machen.

Und genauso war es ja auch. Er mochte die Preußen einfach nicht. Schon vor dem Krieg als Kölner Oberbürgermeister hat er immer, wenn er in die preußische Hauptstadt Berlin musste, schon auf der Hohenzollernbrücke in Köln die Vorhänge im Abteil zugezogen und gesagt: »In Deutz beginnt der Bolschewismus! Und hinter Braunschweig die Walachei.«

Das heißt, seine Vision aus den zwanziger Jahren, Deutschland als Rheinbund, konnte jetzt nach dem Kriege endlich Wirklichkeit werden. Dazu brauchte er nicht die fünf neuen Länder, dazu brauchte er nur ein rheinisches Bundesdorf als Hauptspielstätte. Favoritenrolle in der Hauptstadtfrage hatte ja Frankfurt. Die traditionsreiche Metropole am Main lag zentral, die gesamte Zonenverwaltung war schon da zusammengezogen, nicht zuletzt das Frankfurter Würstchen, alles sprach für Frankfurt, gefolgt von Stuttgart und dann Kassel.

Wie kam es jetzt zu Bonn? Diesem damals noch völlig nichtssagenden rheinischen Haufendorf. Das kannten damals nicht mehr als heute Prüm. Nun, wie Sie ja wissen, wohnte Adenauer seit 1937 in Rhöndorf. Das »Haus Adenauer« am Zennigsweg 8 kann man heute noch besichtigen – Montags ist Ruhetag, da hat Adenauer frei, ansonsten bis 16 Uhr letzte Führung –, da haben Sie diesen Blick über das Rheintal hinweg. Aus jedem Zimmer heraus konnte er herrlich weit gucken. Rechts der Drachenfels, gegenüber der Rolandsbogen. Er konnte über die Eifel hinweggucken. Man sagt, bei gutem Wetter konnte der Adenauer gucken bis nach »Pariss«. Da wohnte sein Freund, Schaal dä Johl (Charles de Gaulle).

Und wenn Sie diesen Blick nach Westen raus da haben, da kapieren Sie plötzlich, warum dem Adenauer die Ossis am Arsch vorbeigingen. Da wor Parris öm de Eck und Berlin jwd. Das Haus hat nach Osten gar keine Fenster! – Nur das Klofenster, und das ist aus Milchglas.

Jetzt klüngelte Adenauer, was das Zeug hielt, um das kleine Bonn gegen das große Frankfurt durchzusetzen. Dabei war es sein Vorteil, dass er katholisch war. Er konnte also lügen, so viel er wollte. Er konnte es ja hinterher beichten. Hat er auch gemacht. Er versorgte seine vielfältigen Kontakte mit handfesten Unwahrheiten, frei nach seinem eigenen Motto »Man soll mit dem Sack Wahrheit nicht so um sich werfen!«. Mit diesem Satz wäre später Herr Kohl in der Parteispendenaffäre aus dem Schneider gewesen.

Adenauer erzählte zum Beispiel dem US-Botschafter in Berlin, Robert Murphy, von angeblichen geheimnisvollen Annektionsplänen, die natürlich völlig frei erfunden waren: »Herr Murphy, in gewissen Kreisen Frankreichs denkt man noch immer an eine besondere Regelung für das linke Rheinufer. Die Franzosen wollen uns bis zum Rhein annektieren. Solche Bestrebungen sind zur Aussichtslosigkeit verurteilt, wenn eine linksrheinische Stadt Sitz der Bundesregierung wird.«

Völliger Quatsch, aber nicht ohne Wirkung. Jetzt begreifen wir plötzlich, warum er nicht gleich Rhöndorf zur Hauptstadt gemacht hat. Das lag ja auf der Schäl Sick.

Am Tag der Abstimmung war trotzdem der Sieg Frankfurts ziemlich sicher, da nicht nur die gesamte SPD, sondern auch die hessische CDU natürlich für Frankfurt stimmen wollten. Da erscheint plötzlich Adenauer mit einem weißen Zettel bei seinen Parteikollegen: »Falls es Sie interessiert, ich habe hier gerade noch 'ne janz aktuelle Ajenturmeldung reinbekommen. Die SPD feiert schon ihren Abstimmungssieg für Frankfurt und denkt darüber nach, wie er sich politisch als Sieg der Sozialdemokratie gegen uns ausschlachten lässt.«

Die Frankfurt-Befürworter der CDU fühlten sich daraufhin zur Parteiloyalität verpflichtet und stimmten alle für Bonn. Diese Agenturmeldung war natürlich auch von Adenauer völlig frei erfunden. Hat er selber getippt. Darauf angesprochen, sagte er: »Lieber an der Politik zugrunde gehen als an Heimweh.«

Deshalb noch ein Tipp: Wenn heute im Fünfparteiensystem Regierungen für ihre Reformvorhaben die Stimmen anderer Parteien brauchen, dann sollen sie sich doch einfach mal angucken, wie der Adenauer das damals gemacht hat. Als der mal die Stimmen der SPD haben wollte, da ist der einfach ans Rednerpult gegangen, und daran merkt man auch das Demokratieverständnis dieser Zeit. Das war nicht wie heute, dass jeder mitdiskutieren konnte. Das nannte man Kanzlerdemokratie. Im Grunde war er der letzte Kaiser. Das heißt, er geht ans Rednerpult mehr wie so ein Lehrer: Was der Kanzler sagt, wird gemacht. Und wenn sie's nicht machen, wird er bös: »Ach, Sie von der SPD, ja, mein Jott, jetzt arbeiten Se doch mit! Jetzt stimmen Se doch auch dafür! Se haben doch auch 'n paar kluge Köpfe in Ihren Reihen, die denken können.«

Da sagte der SPD-Abgeordnete Dr. Arndt: »Das zu beurteilen, das steht Ihnen doch überhaupt nicht zu!«

»Ja,« meinte Adenauer, »Sie hab ich ja auch jar nicht jemeint!«

Alle an einem Tisch

Wenn Sie noch Zeit haben, machen wir noch kurz eine Flasche auf. Plöpp!, macht der Korken, und plötzlich sitzen alle wieder an einem Tisch. Der Bischof von Bordeaux hat Wein im Gepäck. »Ich habe hier einen 1398er Haut-Médoc hochgebracht, den müssen Sie mal probieren.«

»Hmm, fantastisch«, sagt Johann Hus. »Damit hättet ihr mich rumgekriegt.«

»Und nachher probieren wir noch die Wehlener Sonnenuhr Auslese von 1403, das war ein gutes Jahr.«

Aus der Küche riecht man schon die dampfenden Suppentöpfe, gebratene Pfauen in grüner Kaperntunke, rheinischer Sauerbraten vom Pferd. (Ich esse ja gern Pferdefleisch. Und wenn Sie gern reiten, ist das kein Problem. Eins nach dem anderen!) Schalen, Schüsseln und Pasteten, keine Spur von Brigitte-Diät, alles nach Originalrezepten des Konstanzer Konzils.

Die schönen Konkubinen dekantieren gerade edlen Wein in mittelalterliche Humpen, da steht plötzlich der alte Adenauer in der Tür: »Ich hab hier noch 'ne janz aktuelle Ajenturmeldung, meine Herren.«

»Setz dich!«, ruft Papst Innozenz, »das Pferd wird kalt.«

»Ich hab noch den Kurt Schumacher mitgebracht, da kommt der auch mal raus.«

»Soll ich ihm das Fleisch klein schneiden?«, fragt der Major der englischen Besatzungszone.

»Nee, der hat jetzt wieder zwei Arme. Es findet sich alles wieder, wenn man lang genug sucht.«

Plöpp! – »Das ist ein Brunello de Montalcino von 1248, da hab ich noch 923 Flaschen von im Keller.«

»Herr von Assisi, dat sag ich Ihnen jetzt als Bischof: Den als Messwein, und Sie haben jeden Tag Christi Himmelfahrt.«

Völlig unerwartet schreitet jetzt die stolze Imperia zur Mitte der Tafel, stellt sich auf einen Stuhl, streckt ihr rechtes Bein aus dem Rock auf den Tisch und verkündet anschaulich mit ihrer goldgeschmückten Hand an ihrem schier ungeheuerlichen, keineswegs unterschwellig erotischen Oberschenkel: »Liebe Konkubinen, Kaplane, Kommunistinnen und Konfirmateusen! Ich war in der Küche probieren und kann nur sagen, das Fleisch ist jut mangs.«

Da guckt plötzlich Philipp von Mala unter ihrem Rock hervor, schaut in die versammelte Runde und entdeckt nur ein einziges ratloses Gesicht. Sofort guckt er zu Calvin und erklärt: »Mangs ist rheinisch.

Das meint weich und zugleich fest. Oder untereinander. Das ist unser Geheimnis.«

»Ach so«, meint der Schweizer und legt endlich seine Rolex beiseite.

Jetzt schiebt Adenauer Imperias Samtrock wie einen Bühnenvorhang weg und fragt Philipp von Mala geradewegs ins Gesicht: »Sagen Se mal, Herr Pfarrer, wohnen Se mit der Dame zusammen?«

»Jaja, sie ist mit all ihren Frauen zu mir ins Pfarrhaus gezogen.«

»Und was ist mit dem Zölibat, Hochwürden?«

»Keine Sorge, Imperia und ich, wir teilen uns zwar ein Bett, aber wir haben das Zimmer quer über die Matratze mit Tesa-Krepp in zwei Hälften geteilt. Und immer, wenn einer von uns in die verbotene Hälfte des anderen tritt, zahlt er 10 Cent Strafe.«

»Ja, das ist ja nun nicht viel.«

»Ha! Das läppert sich aber zusammen!«

»Plöpp!«, macht es wieder, und Franz von Assisi hält eine Flasche Kröver Nacktarsch in die Höhe. »Den hab ich für 1,95 auf 'nem Campingplatz in Traben-Trarbach gekauft.«

Seine Klara ruft: »Ach Franz, nun trink nicht so viel, du musst noch in den Himmel auffahren.«

»Ach, da sind um die Zeit keine Kontrollen mehr! Und ich hab irgendwie das Gefühl, wir sind schon da.«

Da tritt plötzlich ein Herr herein. Es wird hell!

»Wer ist der Mann?«, fragt Luther äußerst skeptisch. »Ist das der Erlöser?«

»Ich heiß Jupp Eichler. Und ob ihr's glaubt oder nicht, de Lamp' tut et widder!«

Jürgen Becker. Religion ist, wenn man trotzdem stirbt. Ein
Handbuch für Humor im Himmel. KiWi 1076

»Ausgerechnet dieser Frohnatur-Charakter sucht sich
als Thema ein erdenschweres aus: die Religionen dieser
Welt und warum sie weder in sich konsistent sind noch
zusammenpassen wollen. Was für ein Minenfeld! Und
dennoch muss man permanent herzlich lachen. Dank
Jürgen Becker.« *Süddeutsche Zeitung*

»Ein höchst vergnüglicher Parforceritt durch die Glau-
bensgeschichte, den keiner versäumen sollte. Deutschland kann sich freuen.« *taz*

www.kiwi-verlag.de

Jürgen Becker/Dietmar Jacobs/Martin Stankowski. So was
lebt und Goethe musste sterben. Der dritte Bildungsweg.
KiWi 1135

In seiner Sendung »Der dritte Bildungsweg« hat Jürgen Becker bereits mit Erfolg gezeigt, wie man mit
Witz und Humor, Bildung, Halbbildung und haltlose
Thesen vermitteln kann. Hier führt er es fort. Gemeinsam mit seinen Co-Autoren beleuchtet er zahlreiche
Themen des Weltwissens, liefert neue Fakten und erklärt Zusammenhänge, wo es bislang keine gab. Und
zwar zu recht. Getreu dem Motto: Man muss nicht alles verstanden haben. Aber man muss alles erklären
können!

www.kiwi-verlag.de

Jürgen Becker/Franz Meurer/Martin Stankowski. Von
wegen nix zu machen ... Werkzeugkiste für Weltverbesserer.
KiWi 989

An vielen Stellen läuft die Entwicklung böse aus dem
Ruder, und wir müssen etwas dagegen tun. Dieses
Buch soll Appetit machen auf gute Taten, freche Ver-
änderungen und Ideen, auf die noch niemand gekommen ist. »Wer was macht, hat Macht.«

www.kiwi-verlag.de

Konrad Beikircher. Wer weiß, wofür et jot es. Der Rheinländer an sich. Gebunden

Eine Reise ins Innere des Rheinlands: seine Sprache,
seine Geschichten und seine Seele – mit dem Reise-
leiter Konrad Beikircher, den es einst selbst aus Süd-
tirol an den Rhein verschlug. Lesen Sie dieses Buch,
denn: Wer weiß, wofür et jot es!

»Was die Kölner denken oder wie sich der Westfale
fortpflanzt, fehlt genauso wenig wie der Kern des
Karnevals oder eine kleine Lebenshilfe für Imis.«
Westdeutsche Zeitung

www.kiwi-verlag.de

Martin Stankowski. Wir Rheinländer von A bis Z. Ein Lexikon von Martin Stankowski

Der Autor Martin Stankowski, seit Jahren allein oder mit anderen in rheinischer Misssion unterwegs, hat als Sauerländer die Aufgabe übernommen, die Geschichte des Rheinlands als Schmelztiegel der Völker im Herzen Europas zu erzählen.

Unter Mitarbeit von: Konrad Adenauer, Norbert Alich, Jürgen Becker, Heinrich Böll, Friedrich Engels, Willi Ostermann, Heinrich Pach, Rainer Pause, Dieter Pesch, Die Toten Hosen

www.kiwi-verlag.de

Martin Stankowski. Köln. Der andere Stadtführer.
Broschur

Martin Stankowski erzählt mit gewohnter Neugier und ungebrochener Entdeckerlust die zweitausendjährige Geschichte Kölns sowie bewährte und unbekannte Kölner Anekdoten, die dem Leser immer wieder überraschende Details zur Geschichte, Politik, Kunst und Kultur in Köln vermitteln.

Mit großformatigen Detailkarten, ausführlichem Serviceteil, vielen Insidertipps sowie Beiträgen von Jürgen Becker, Rainer Pause und Heinrich Pachel.

www.kiwi-verlag.de

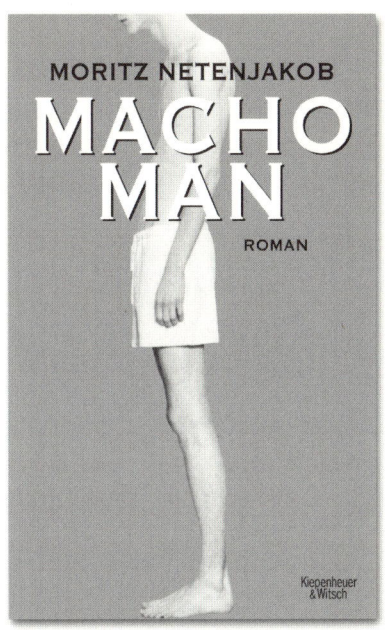

Moritz Netenjakob. Macho Man. Roman. Broschur

Von den 68ern erzogen, lebte er dreißig Jahre als Weichei.
Jetzt verliebt er sich in eine Türkin. Aber wie überlebt ein
Frauenversteher in einer Welt voller Machos?

»Herrliche Charaktere, blasierte Intellektuelle, vitale Mi-
granten, männliche Frauen und weibliche Männer. Geballte
Situationskomik und akribische Beobachtungen machen
›Macho-Man‹ zu einem Tipp-Deluxe!« *Michael Gantenberg*

»Eine kleine Sensation! Klein im Sinne von doch eher groß.«
Bastian Pastewka

www.kiwi-verlag.de